O CASO DE MONTSERRAT

Estudo científico e relatos de experiências espirituais

Editora Appris Ltda.
1.ª Edição - Copyright© 2021 da autora
Direitos de Edição Reservados à Editora Appris Ltda.

Nenhuma parte desta obra poderá ser utilizada indevidamente, sem estar de acordo com a Lei nº 9.610/98. Se incorreções forem encontradas, serão de exclusiva responsabilidade de seus organizadores. Foi realizado o Depósito Legal na Fundação Biblioteca Nacional, de acordo com as Leis nᵒˢ 10.994, de 14/12/2004, e 12.192, de 14/01/2010.

Catalogação na Fonte
Elaborado por: Josefina A. S. Guedes
Bibliotecária CRB 9/870

C376c 2021	Cavalcantte, Ana Paula O caso de Montserrat: estudo científico e relatos de experiências espirituais / Ana Paula Cavalcantte; ilustração Hoger. – 1. ed. - Curitiba: Appris, 2021. 217 p.; 23 cm. Inclui bibliografia. ISBN 978-65-250-0662-8 1. Ciência – Pesquisa. 2. Vidas passadas. 3. Autobiografia. I. Título. II. Série. CDD – 130

Livro de acordo com a normalização técnica da ABNT

Appris editora

Editora e Livraria Appris Ltda.
Av. Manoel Ribas, 2265 – Mercês
Curitiba/PR – CEP: 80810-002
Tel. (41) 3156 - 4731
www.editoraappris.com.br

Printed in Brazil
Impresso no Brasil

ANA PAULA CAVALCANTTE

Ilustração

HOGER

O CASO DE MONTSERRAT

Estudo científico e relatos de experiências espirituais

FICHA TÉCNICA

EDITORIAL — Augusto V. de A. Coelho
Marli Caetano
Sara C. de Andrade Coelho

COMITÊ EDITORIAL — Andréa Barbosa Gouveia (UFPR)
Jacques de Lima Ferreira (UP)
Marilda Aparecida Behrens (PUCPR)
Ana El Achkar (UNIVERSO/RJ)
Conrado Moreira Mendes (PUC-MG)
Eliete Correia dos Santos (UEPB)
Fabiano Santos (UERJ/IESP)
Francinete Fernandes de Sousa (UEPB)
Francisco Carlos Duarte (PUCPR)
Francisco de Assis (Fiam-Faam, SP, Brasil)
Juliana Reichert Assunção Tonelli (UEL)
Maria Aparecida Barbosa (USP)
Maria Helena Zamora (PUC-Rio)
Maria Margarida de Andrade (Umack)
Roque Ismael da Costa Güllich (UFFS)
Toni Reis (UFPR)
Valdomiro de Oliveira (UFPR)
Valério Brusamolin (IFPR)

ASSESSORIA EDITORIAL — Evelin Louise Kolb

REVISÃO — Andrea Bassoto Gatto

PRODUÇÃO EDITORIAL — Lucielli Trevizan

ASSISTÊNCIA DE EDIÇÃO — Marina Persiani

DIAGRAMAÇÃO — Daniela Baumguertner

CAPA — Sheila Alves

ILUSTRAÇÃO — Rogério Adriano (Hoger)

COMUNICAÇÃO — Carlos Eduardo Pereira
Débora Nazário
Karla Pipolo Olegário

LIVRARIAS E EVENTOS — Estevão Misael

GERÊNCIA DE FINANÇAS — Selma Maria Fernandes do Valle

COORDENADORA COMERCIAL — Silvana Vicente

Para Bernardo e Simone, os meus amores.

AGRADECIMENTOS

Com relação à escrita deste livro, registro aqui os meus agradecimentos às seguintes pessoas: Margarida Bezerra Cavalcante e Geraldo Batista dos Santos (*in memoriam*), pela oportunidade da vida e pela dedicação a minha formação. Aos meus irmãos, Antonio Paulo Cavalcante dos Santos (*in memoriam*), Pedro Paulo Cavalcante dos Santos, Adriana Paula Cavalcante dos Santos Xavier e Vera Lúcia Barcelos Paim, por tudo que vivemos juntos. À Beatriz Palma dos Santos, pela companhia no período árido. Ao sobrinho João Paulo Barcelos Paim, pelas ajudas tecnológicas e companheirismo.

À Isolete Chaves, pelo apoio no começo da escrita. A Lauro Pontes, pela acolhida. À Zélia Maria da Silva Cabral, pela amizade e interlocução fundamental voltada à história de Montserrat, na fase em que estivemos lado a lado. À Christianne Soares Matosinho, pelos nossos 40 anos de amizade e pelo *nome*. À Letícia Canelas, pela leitura dos originais e diálogos profundos no dia a dia. À Cosette Castro, pela revisão, sugestões e trocas. À florzinha, Ana Maria dos Santos, à Áurea Marcela de Moura e à Jaqueline Murta, pela amizade. Ao Carlos Carvalho Cavalheiro, pela doce e artística amizade, pela boa vontade em rever meu texto e pela *orelha*. Ao amigo Carlos Borges da Silva Júnior, *mestre severo*, pela cuidadosa revisão, críticas, apoio e *apresentação*. Pela aceitação da minha história, ao fim do processo, por meio da qual consegui me libertar.

Ao Hoger, pela paciência e pelas maravilhosas ilustrações. Aos meus familiares, amigos e a todos que, direta ou indiretamente, contribuíram para a concretização desta obra, o meu mais profundo obrigada!

A normalidade é um caminho pavimentado: é cômodo para caminhar, mas nunca crescerão flores nele.

(Vincent Van Gogh)

PREFÁCIO

Conheci Ana Paula em Palmas, Tocantins. Estávamos as duas recém-chegadas, eu de São Paulo, ela do Rio de Janeiro. Vi-a pela primeira vez quando visitou minha sala de aula para se apresentar aos alunos e divulgar o trabalho de psicopedagogia que começaria a desenvolver na faculdade onde trabalhávamos. Observei-a enquanto falava. Seu olhar expressava bondade, receptividade, transparência. Gostei do seu jeito simples e espontâneo, mas demorou algum tempo para que nos tornássemos amigas.

Tínhamos, em comum, a profissão de psicóloga, o local de trabalho e o apreço por assuntos filosóficos, religiosos, existenciais. No entanto, nossas experiências eram diferentes. Ela estudou outros autores e abordagens e é bastante ligada à filosofia orientalista. Eu gosto do catolicismo e dos santos que deixaram escritas suas autobiografias, como: Santo Agostinho, em *Confissões*, livro que leio há anos; Elizabeth da Trindade, Santa Tereza de Ávila e São João da Cruz, em suas *Obras completas*; Santa Terezinha do Menino Jesus, em *História de uma alma*, e outros.

Também aprecio ler sobre o budismo em Daisetz Teitaro Suzuki e Taisen Deshimaru; Thomas Merton, na maravilhosa autobiografia *A montanha dos sete patamares*; William Johnston; Teilhard de Chardin, e os autores da Física Moderna e misticismo oriental, como Fritjof Capra, Deepak Chopra e Jean Yves Leloup, especialmente quando falam de si mesmos.

Quando Ana relatou que escrevia um livro sobre sua vida e experiências espirituais fiquei curiosa. Pedi para ver o rascunho e passei dois dias lendo-o nos horários vagos, achando ótimo. Era um livro autobiográfico. Esse gênero me encanta, como *A escrita de si*, de Michel Foucault.[1]

Segundo o autor, os escritos autobiográficos têm um caráter de confissão. Trata-se de um ritual que acontece numa relação de poder, pois o ato implica numa presença, mesmo que virtual, de um parceiro, de uma instância que a requer, a impõe, avalia e intervém julgando, punindo, perdoando, consolando, reconciliando. A confissão constitui um ritual que autentica a verdade pelos obstáculos e resistências que a

---

[1] FOUCAULT, Michael. *O que é um autor?* Lisboa: Passagens. 1992. p. 129-160.

pessoa tem que suprimir para poder se manifestar. É um ritual em que a enunciação de si, independentemente de suas consequências, produz no sujeito modificações intrínsecas: inocenta-o, resgata-o, purifica-o, livra-o de suas faltas; libera-o, salva-o.

Este livro aborda a mediunidade. Sempre tive dificuldade em acreditar nessas experiências, entendia-as como autossugestões ou esquizofrenia. Apesar de sempre reler os livros de Raymond Moody Jr. e de Elizabeth Kubler Ross, que há mais de 40 anos investigam experiências próximas da morte, não era o suficiente para eu entender ou aceitar mediunidade, vidas passadas, reencarnações.

Mas, conhecendo Ana Paula, vendo a sinceridade com que ela contava suas experiências espirituais nos longos diálogos que mantínhamos quando estávamos juntas, comecei a duvidar das minhas suspeitas e a pensar que os mistérios da vida, da alma humana, são insondáveis. Estou estudando autores citados neste livro.

O caso de Montserrat apresenta fatos da vida pessoal da autora. São narradas vivências e experiências espirituais com clareza, objetividade, coerência, mescladas a interessantes citações de pesquisadores especialistas no assunto. Acredito que livros com esse tipo de abordagem podem favorecer a admiração das pessoas e diminuir seus preconceitos.

Enquanto estivemos diariamente próximas, Ana Paula mencionou dúvidas quanto a expor ou não a sua história. Eu a incentivei a publicá-la e a encorajo a caminhar em direção à pessoa que lhe aparece em sua vida passada como o seu amor, seu maior conflito. Mas o grande susto veio quando ela me convidou para prefaciar seu livro. Pareceu-me presunção escrever a despeito de assuntos dos quais sou absolutamente leiga! Fiquei insegura sobre minha competência para atender a seu pedido, apesar da admiração que tenho pelo conteúdo do livro e pela sua maravilhosa forma de escrever.

Então, da mesma forma que é preciso ter coragem para participar do ritual de escrever uma autobiografia – que autentica a verdade pelos obstáculos e resistências que têm de ser suprimidos –, e a autora cumpriu sua missão, decidi ser tão corajosa quanto ela e redigi este prefácio, considerando que o importante é que eu me manifeste a respeito do que senti ao ler o livro.

Acredito que esta obra estará entre as obras de importantes autores que se debruçam sobre os temas aqui tratados: paranormalidade, comunicação com espíritos, reencarnação, lembranças de vidas passadas e demais. Acredito também que esclarecerá e ajudará pessoas que passam por experiências semelhantes, visto que Ana Paula consegue unir harmoniosamente, neste livro, dois enfoques que dificilmente se sintonizam: o científico e o pessoal, o íntimo.

O livro é um trabalho científico e uma abertura de alma, de coração, feita com uma espontaneidade e simplicidade que nos envolvem e não nos permitem deixá-lo até que se chegue à última página.

Que ele traga conhecimentos, orientações, diminua preconceitos e provoque aberturas de coração a todos os que o lerem. É o que eu desejo.

Zélia Maria da Silva Cabral

Psicóloga clínica

Mestre em Linguística, pesquisadora e professora

APRESENTAÇÃO

DIÁLOGOS ENTRE CONHECIMENTO CIENTÍFICO E MUNDO DA VIDA

A discussão que o leitor encontrará ao longo das páginas deste livro é constituída por ancoragens e diálogos entre conhecimento científico e experiências pessoais. Esses dois campos das atividades humanas são responsáveis por uma série de estudos e observações empíricas, que permitem aos sujeitos apreenderem o mundo sob diferentes perspectivas. De um lado, o rigor da ciência com seus fundamentos de ordem estatística, metodológica, notadamente mensurável e objetiva, entre outros aspectos; construtora de uma lógica sob a qual as observações resultam em análises com o objetivo de explicar fatos e acontecimentos de uma dada realidade; e, em outra perspectiva, o universo da percepção pessoal, isto é, das experiências vividas, que também acumulam saberes de diversas ordens, instigadores de notações, análises intuitivas, organizadores de hipóteses, reflexões e também análises.

Quando observações empíricas são sistematizadas a partir de um modo específico, podem resultar em conhecimento científico, pois este também parte de observações, hipóteses e análises de ordem pessoais, passíveis de comprovação ou não. É assim o modo de fazer ciência e também é assim o modo de experienciar as coisas do mundo. A relação entre ambos constitui o mundo da vida e as diversas práticas sociais de interação entre os sujeitos.

De acordo com Pierre Bourdieu (2010), os sujeitos constroem a percepção do mundo social tanto de forma objetiva quanto subjetiva. É um processo. Nele há a identificação dos eventos, a compreensão de como ocorrem, o que implicam nos contextos em que surgem, a análise, a sistematização e a explicação dos dados por parte de quem os investiga.

Neste livro, a tarefa realizada por Ana Paula Cavalcantte enlaça o campo científico e o mundo das experiências pessoais. Toma o contexto de eventos passados e os expõe a um modo de pensar relacionalmente, "como uma atividade racional – e não como uma espécie de busca mística, de que se fala com ênfase para se sentir confiante – mas que tem também o efeito de aumentar o temor e a angústia" (BOURDIEU, 2010, p. 18), porque não é simples a tarefa de tornar questões abstratas operações científicas. Conforme Bourdieu, "é preciso construir o objeto; é preciso pôr em causa os objetos pré-construídos – ainda que tenham a faculdade de despertar a atenção e de pôr de sobreaviso" (2010, p. 21). O temor e a angústia que os fatos relatados trazem à autora sempre foram recorrentes em suas preocupações sobre a receptividade dos leitores ao conteúdo deste trabalho. No entanto, é também de responsabilidade dos leitores a construção de sentidos para o que se tomará conhecimento aqui nestas páginas pintadas com tinta.

A autora constrói uma incursão textual dividida em cinco partes. As duas primeiras fundamentadas em aportes teóricos, que lançam luzes sobre fenômenos paranormais, auxiliando no processo de compreensão acerca desses eventos de natureza psíquica e de ordens diversas. Destarte, os capítulos iniciais possibilitam ao leitor a construção de um porto seguro no qual é possível ancorar-se, tomando por base o campo científico. Os estudos discutidos e ali postos em relação elucidam a formação de referências ao leitor, para que ele transite, de forma compreensível, pelos conceitos dos diversos fenômenos da paranormalidade e também pelas pesquisas de seis autores internacionais.

O terceiro capítulo, em tom autobiográfico, expõe as experiências paranormais da autora, sendo uma parte convidativa e oportuna para conhecer o universo de um paranormal.

As lembranças de existências pretéritas constituem a abordagem do capítulo quatro, desafiando os limites entre realidade e ficção, entre conhecimento científico e experiências pessoais. Sendo a "narrativa um modo peculiar e contextual de olhar o mundo e tecer contextualizações para entendê-lo e ressignificá-lo" (SILVA JÚNIOR, 2012, p. 29), também é responsável por construir referências ao pensamento, caráter que torna possível a partilha de vivências. Nesse sentido, Ana compartilha suas experiências pessoais conosco e, como articula esses eventos aos estudos e conceitos desenvolvidos por alguns pesquisadores, costura os diversos sentidos que atravessam e interconectam suas lembranças e suas intermitências da memória (DIDI-HUBERMAN, 2011), sendo esse o cerne do capítulo cinco.

Entre paradoxos, antíteses e diálogos possíveis do campo científico com as experiências pessoais do mundo da vida, o leitor, certamente, resulta mais reflexivo sobre as discussões aqui realizadas; não só pelos conceitos apreendidos, sobretudo pelas experiências vivenciadas junto à autora.

Prof. Dr. Carlos Borges Júnior

Professor da Universidade Federal do Norte do Tocantins, UFNT.

Doutor em Linguística e mestre em Jornalismo pela Universidade Federal de Santa Catarina, Ufsc.

REFERÊNCIAS

BOURDIEU, Pierre. *O poder simbólico.* 14. ed. Rio de Janeiro: Bertrand Brasil, 2010.

DIDI-HUBERMAN, Georges. *Sobrevivência dos vaga-lumes.* Tradução de Vera Casa Nova; Márcia Arbex. Belo Horizonte: Editora UFMG, 2011.

SILVA JÚNIOR, Carlos Borges. *A sobrevivência das imagens de Amazônia na literatura e no jornalismo de revista.* 173 f. 2012. Florianópolis, SC. Dissertação (Mestrado em Jornalismo). Universidade Federal de Santa Catarina, 2012. Disponível em: http://tede.ufsc.br/teses/PJOR0031-D.pdf. Acesso em: 22 fev. 2021.

SUMÁRIO

INTRODUÇÃO..21
Ana Paula Cavalcantte

1
OS FENÔMENOS ANÔMALOS OU TEMAS SOBRE A PARANORMALIDADE 27

2
PALINGENESIA: AS LEMBRANÇAS DE VIDAS PASSADAS.........61

3
AUTOBIOGRAFIA DE UMA SENSITIVA 95
3.1 NA INFÂNCIA 96
3.2 EXPERIÊNCIAS DE DAR MEDO.................................. 102
3.3 EXPERIÊNCIAS CELESTIAIS.................................... 117
3.4 SOBRE A VIDA E A MORTE 124
3.5 TEMAS DIVERSOS.. 135
3.6 COISA DE OUTRA VIDA 149

4
VIDAS PRETÉRITAS QUE ESTÃO PRESENTES....................161

5
COSTURANDO A COLCHA DE RETALHOS 181

PALAVRAS FINAIS 205

REFERÊNCIAS 209

INTRODUÇÃO

Paranormalidade é a palavra usada para descrever toda variedade de fenômenos incomuns, ou seja, que não se encontra na maioria das pessoas, cujas causas ou mecanismos não podem ser explicados pelo atual estágio do conhecimento científico e que são atribuídos a forças desconhecidas, em especial, às psíquicas.

Os fenômenos paranormais são diversos e podem se apresentar em cada uma das pessoas dotadas desses dons de diferentes formas em termos de qualidade, de quantidade, de intensidade, de combinação e, mesmo numa única pessoa, eles costumam se modificar com o passar dos anos.

As experiências paranormais, mais recentemente intituladas *anômalas* (com sentido de não usual) no meio acadêmico, também chamadas de sensitivas, mediúnicas, extrassensoriais, Psi e demais, têm sido identificadas desde a Antiguidade entre os seres humanos e neles ocorrem independentemente de crença, religião, etnia, sexo, gênero, classe social, idade, nacionalidade. Tais fenômenos são relatados em países e em culturas diversos, havendo ou não a legitimação e a aceitação dessa condição pela pessoa e/ou por seu meio.

Está em voga, nas ciências sociais, a noção de homem como uma construção histórica e social, que vai de encontro à ideia de ser natural, pronto e acabado do passado. O sociólogo e filósofo francês Pierre Bourdieu[2] criou o conceito de *habitus* para explicar essa concepção, postulando que nos processos de socialização ocorridos ao longo de suas trajetórias de vida os sujeitos constroem o pensamento, a conduta, o comportamento, a identidade e os valores culturais, que são variáveis de grupo para grupo. Isso quer dizer que quando um fenômeno é aceito por determinada sociedade não significa que foi validado cientificamente, representa que ele foi legitimado por aquele grupo e dado como permitido, certo, genuíno e legal.

Essa disparidade de julgamentos acontece com os fenômenos paranormais ao redor do mundo. Enquanto os ocidentais são materialistas e as religiões cristãs dogmáticas são dominantes, essas sociedades

---

[2] BOURDIEU, Pierre. Esboço de uma teoria da prática. *In:* ORTIZ, Renato (org.). *A sociologia de Pierre Bourdieu*. São Paulo: Olho D'Água, 2003. p. 39-72.

costumam ser resistentes aos eventos sensitivos. Em contrapartida, os orientais budistas e hinduístas costumam endossá-los já que, milenarmente, essas religiões consideram veementemente a reencarnação, a meditação, os estados alterados de consciência, entre outras experiências. Isso quer dizer que os eventos sensitivos podem ser acolhidos e evidenciados por certos grupos, enquanto que os mesmos serão rejeitados e precisarão ser omitidos em outras comunidades, como acontece nas ocidentais.

Sou uma pessoa que possui vivências espirituais não usuais desde a mais tenra infância e aprendi a ocultá-las por observar que meus relatos sobre elas eram recebidos na família com estranhamento e interpretados como fantasia ou invenção. Com o passar do tempo e a ampliação da minha rede de relacionamentos continuei a constatar o mesmo comportamento de desconfiança e descrença por parte de eventuais interlocutores, até mesmo por espíritas/espiritualistas, o que é mais curioso.

Minha experiência mostra que, no Brasil, esses eventos sensitivos são aceitos na teoria, nos livros, se vinculados a médiuns célebres, não quando são expostos por pessoas comuns, feito eu. Por conta disso, fui aprendendo a manter o anonimato das minhas vivências, descobertas, conflitos e de suas consequências.

Segui vida afora negando tais experiências. Não as registrava, não as investigava, mantinha-me reticente até com as premonições que se confirmavam e, sobretudo, acreditava que todo aquele *incômodo* que me fazia sentir diferente dos outros iria, um dia, desaparecer completamente. No intuito de deixar aquela parte de mim guardada numa *gaveta de difícil alcance*, estreitei fortes laços com a ciência e obtive títulos que chegaram ao doutorado.

Caminhei assim por longa data, sentindo-me realizada, até ser lançada ao divisor de águas da minha existência: um processo regressivo espontâneo e completo a uma determinada vida passada, em sua terceira e última etapa. A magnitude da experiência e a amplitude de consciência gerada forçaram-me a enxergar para além do conforto da lógica, impelindo-me à escrita deste livro.

Desde então, esta obra atravessou várias etapas com duração de dez anos e recebeu vários nomes. Começou a ser produzida entre setembro e novembro de 2011 – período da palingenesia –, sendo o título

Ensaio sobre a mediunidade na infância, e, num segundo momento, na conclusão do processo regressivo, *Ensaio sobre a mediunidade: o caso de Montserrat*. Nesse ciclo, o trabalho teve a função de escrita terapêutica, exigiu a gestão de uma chuva de emoções cujo formato não estava adequado para publicação. Mais recentemente, visando a assumir seu caráter autobiográfico, este livro ganhou uma nova titulação *Uma escrita de mim: a história de Montserrat* e, definitivamente, passou a se chamar *O caso de Montserrat*.

No início da escrita do material, refletindo um comportamento de forte resistência ao processo que atravessava, procurei ocultar minha identidade com o uso de pseudônimos, nomes fictícios, terceira pessoa, termos científicos, no intuito de distanciar-me do status de autora e, sobretudo, de personagem principal da história. Com o passar dos anos fui me tornando apta a enxergar o movimento de fuga no qual estava imersa e tenho trabalhado com afinco no sentido de me assumir dona da história aqui narrada, ainda que pessoas duvidem, censurem, *patologizem*.

Sinto-me desprotegida quando me retiro do universo científico. Por isso, foi necessária a passagem do tempo até que eu conseguisse unir adequadamente duas pontas dissonantes deste estudo: a ciência e a espiritualidade. Para concluir esta redação, diversas aproximações e afastamentos do texto foram feitas; dores e conflitos associados à vivência foram transpostos; lutos foram vivenciados; verdades pessoais foram assumidas, enquanto tenho me despido das armaduras das certezas dogmáticas; venham elas da ciência, da religião ou do senso comum.

Este livro está dividido em cinco capítulos. As partes um e dois são teóricas. A primeira aborda o universo paranormal com base em pesquisas: definição, classificação, histórico, atualidade, o sujeito paranormal, sendo ela a base para a compreensão dos fenômenos Psi citados ao longo de toda a obra. A segunda parte realiza uma discussão a respeito das lembranças de vidas passadas, alicerçada nos estudos de seis renomados pesquisadores internacionais especialistas no tema.

O terceiro capítulo é uma autobiografia, em que são apresentados relatos de experiências paranormais desde a minha infância, as quais foram organizadas em categorias e numa cronologia possível. O objetivo dessa parte é demonstrar para o leitor como costuma ser o cotidiano de uma pessoa com habilidades sensitivas, cabendo salientar que, não necessariamente, as vivências expostas possuem conexão com a história central da obra.

A quarta parte constitui-se de uma narrativa acerca das lembranças de minhas existências pretéritas, enfocando o processo regressivo à vida de Montserrat, na Espanha, compreendida como a principal. Nomeei a quinta parte de *Costurando a colcha de retalhos*, porque nela são destacados, analisados e conectados os principais elementos que compõem a história deste livro.

O caso de Montserrat é uma produção textual autobiográfica que se caracteriza como a confissão de uma verdade. Para que o ato aconteça, um processo de superação de obstáculos e de resistências necessita ser atravessado pelo dono da narrativa. Segundo Michel Foucault,[3] *A escrita de si* como ritual da confissão requer avaliação, julgamento, punição, perdão e consolo, para que o autor possa se reconciliar com sua história por meio da verdade assumida e exposta a outrem. Por outro lado, a verdade assumida e exposta representa o instrumento que fortalece o confessor a seguir em frente, superando resistências e obstáculos. Essa afirmação orientou o percurso que trilhei.

Entretanto, como comprovar a veridicidade dos fatos aqui expostos? Com base em que método científico poderia afirmar que minhas vivências são, de fato, verdadeiras? Estas questões estiveram em minha mente por anos e, durante os dois meses que passei imersa em minha alma, revivendo a vida pretérita, descobri uma bússola interna – o bombear do coração –, pois o seu ritmo se acelerava no contato com elementos verídicos de Montserrat (foto, vídeo, texto, som, mapa) e mantinha-se estável na ausência de ligação com o lugar.

Então, quase no final da escrita desta obra, em 2019, conheci a teoria do psicólogo estadunidense William Moulton Marston, que no ano de 1913 inventou o polígrafo, o detector de mentira baseado na intensidade da pressão sanguínea sistólica. Segundo Marston,[4] "o coração bombeia o sentido da verdade", ou seja, os batimentos cardíacos se aceleram se a pessoa está diante de um axioma e, quando não, o órgão permanece inalterado, o que naturalmente já tinha sido eleito como meu método de identificação de verdades.

---

[3] FOUCAULT, 1992.
[4] MARSTON, William Moulton. *The lie detector test*. New York: Richard R. Smith, 1938.

O principal objetivo deste livro·é contar a história da minha vida: uma trajetória permeada por constantes experiências paranormais, espirituais, pelos impactos gerados por elas, os quais influenciaram todo o processo do meu desenvolvimento, da infância à maturidade, mas também produziram profundos aprendizados e crescimento. No entanto, apesar da importância dessas vivências, não é de meu interesse generalizar, desenvolver uma teoria, nem tampouco convencer ninguém de nada.

Além de contar minha história, com este livro almejo contribuir com a ampliação da bibliografia sobre o tema e com a criação de um espaço de discussões. Outrossim, a exposição das minhas experiências poderá servir como apoio àqueles que são semelhantes e como fonte de dados para os que desconhecem tal realidade.

Se cada pessoa do planeta Terra pudesse, ao menos uma vez, vivenciar os fenômenos sensitivos, a visão materialista vigente perderia o sentido e junto dela desapareceriam os comportamentos bárbaros. Uma pessoa com habilidades paranormais faz a travessia entre os mundos de vivos e mortos; compreende como valorosa a *bagagem* carregada na alma; cultiva a equidade; desenvolve a consciência de estar interconectada ao meio, e de suas ações gerarem efeitos que atravessam existências.

Ana Paula Cavalcantte

OS FENÔMENOS ANÔMALOS OU TEMAS SOBRE A PARANORMALIDADE

Lançar um olhar científico sobre o tema da sensitividade e de subtemas correlatos, como é o caso das vidas passadas, não é uma tarefa das mais fáceis. Trata-se de um campo multifacetado e interseccionado com misticismo e religião, enquanto que minha intenção é discutir o fenômeno numa perspectiva laica, com um olhar científico. Por isso, o tempo todo precisei estar atenta para discernir o lugar onde pisar e o trajeto a seguir.

Como este livro tem a proposta de seguir dois caminhos – um que narra minha história como pessoa sensitiva e outro que discute os fenômenos anômalos numa perspectiva científica –, este primeiro capítulo tanto servirá para contextualizar o tema principal (fenômenos anômalos) quanto funcionará como eixo de ligação entre as demais partes da obra.

Este capítulo aborda a definição de fenômenos paranormais, seus tipos, histórico, suas características nos tempos atuais, a pessoa paranormal, e finaliza com uma discussão que busca ligar duas pontas: a ciência e a espiritualidade.

SOBRE OS FENÔMENOS ANÔMALOS OU PARANORMAIS

A etimologia do termo *anômalo* vem do grego *anomalos* e significa irregular ou desigual. Pelo fato de também possuir a conotação de *anormalidade*, indo de encontro a minha percepção dos fenômenos paranormais, a palavra será adotada ao longo do livro seguindo o sentido dado a ela por Cardeña *et al.* há uma década. Segundo os estudiosos, é uma vivência anômala

> [...] uma experiência incomum (como a sinestesia) ou uma que, apesar de ser experienciada por uma parcela substancial da população (como as experiências interpretadas como telepáticas), acredita-se desviar da experiência ordinária ou das explicações da realidade comumente aceitas).[5]

Nesse sentido, vivências anômalas são aquelas que fogem do consenso de normalidade, não por serem próprias de pessoas *anormais*, mas porque não são explicadas pelo *mainstream* científico. Para determinar se uma experiência é anômala ou incomum é necessário considerar o contexto cultural no qual ela acontece e é avaliada, principalmente. Por outro lado, para diferenciá-la de um transtorno mental faz-se necessária a realização de um diagnóstico diferencial por um especialista da saúde mental.[6]

A compreensão do que vem a ser *experiência incomum* tem sofrido alterações ao longo dos tempos. Na era primitiva, as religiões surgiram com o intento de auxiliar o homem a encontrar um sentido no cosmo. Depois emergiram as especulações filosóficas e as teorias inventadas pela razão, com base numa lógica desprovida de teste. Nos tempos atuais, o ser humano vive um momento histórico que entende como *verdade* o transitório conhecimento produzido pelo método cientifico, o qual costuma rechaçar aproximações com o universo espiritual, cujos eventos são atribuídos a elementos desconhecidos, em especial, a forças psíquicas, da mente, ou sendo interpretados como puro devaneio.[7]

Os fenômenos psíquicos ou processos mentais podem ser definidos como uma energia inteligente gerada pelo cérebro ou pela alma consciente ou inconsciente, emanada em determinadas frequências e direcionada de modo aleatório ou objetivo.[8] São fenômenos ditos *normais*: a sensação (visual, auditiva, olfativa, gustativa, espacial e factiva ou tátil); a percepção (visual, auditiva, olfativa, gustativa, temporal e tátil); a imaginação, o pensamento, a linguagem, a memória, as emoções, a atenção, a volição (vontade) e outros.

---

[5] CARDEÑA, Etzel; LYNN, Steven Jay; KRIPPNER, Stanley C. (ed.). *Varieties of anomalous experience:* examining the scientific evidence. Washington: American Psychological Association Press, 2000. p. 4.

[6] MOREIRA-ALMEIDA, Alexander. Pesquisa em mediunidade e relação mente-cérebro: revisão das evidências. *Rev. Psiq. Clín.*, São Paulo, v. 40, n. 6, p. 233-40, 2013.

[7] RHINE, 1961 citado por CORREDATO, Vanessa Duarte. Experiências anômalas na infância: relações entre vínculo, expectativa e percepção extrassensorial. 2014. Dissertação (Mestrado em Psicologia Social) – Programa de Pós-Graduação em Psicologia, Instituto de Psicologia, USP - Universidade de São Paulo, São Paulo, 2014.

[8] ALVARADO, Carlos S. Fenômenos psíquicos e o problema mente-corpo: notas históricas sobre uma tradição conceitual negligenciada. *Rev. Psiq. Clín.*, São Paulo, v. 40, n. 4, p. 157-61, 2013.

Com base em Tobacyk,[9] o fenômeno anômalo ou paranormal é definido comumente de acordo com três critérios: a) ele não é compatível com as nossas referências de percepção, de crenças e de realidade; b) a ciência atual não está apta a explicá-lo; c) a sua elucidação científica só é possível se os princípios da ciência atual forem revistos e ampliados.

Isso quer dizer que os fenômenos psíquicos caracterizados hoje como *normais* são aceitos e estudados pela comunidade científica convencional e costumam se enquadrar no conjunto de leis conhecidas, enquanto os fenômenos psíquicos paranormais não são explicáveis pela ciência vigente, não se enquadram em suas leis e nem suscitam grande interesse da academia por desenvolverem pesquisas, uma vez que não são aceitos amplamente como objeto de estudo. Na verdade, os eventos sensitivos são tão alvo de estigma na atualidade quanto às descobertas científicas eram na Idade Média, pois lá e cá ambas – religião e ciência – têm travado lutas pela hegemonia da verdade universal.

Vivências anômalas, a serem abordadas mais à frente, englobam (mas não se limitam) a "percepções sensoriais sem a presença do estímulo externo, experiências místicas, experiências fora do corpo, vivências de abdução por alienígenas, e as experiências subjetivamente paranormais, como é o caso dos sonhos proféticos e da telepatia".[10]

Tais experiências não despertam o interesse da comunidade científica, na verdade, nem tanto por serem incomuns na população terrena (não são!), mas, sim, porque sua aceitação implicará num fatal esfacelamento do constructo teórico atual que interpreta o ser humano em termos de processos puramente físicos e químicos.[11] Uma vez que esses processos fisiológicos se extinguem com a morte do corpo, como explicar as causas e mecanismos de uma experiência de quase morte ou das lembranças de vidas passadas?

CLASSIFICAÇÃO DOS FENÔMENOS

Não é fácil classificar, agrupar e definir os fenômenos paranormais, pois há uma diversidade deles em termos de quantidade e de qualidade. Entretanto, eles têm sido categorizados de formas variadas ao longo

---

[9] TOBACYK, Jerome J. What is the correct dimensionality of paranormal beliefs? A reply to Lawrence's critique of the paranormal belief scale. *Journal of Parapsychology*, v. 59, p. 27-46. 1995, p. 28.

[10] CORREDATO, 2014, p. 26.

[11] RHINE, 1961 citado por CORREDATO, 2014.

dos tempos por pesquisadores. Boirac propôs a primeira classificação em 1883 e a modificou por completo no ano de 1908. Posteriormente, Maxwell, em 1903; Charles Richet, em 1922; Mackenzie, em 1923; Liebdzinski, Schrenck-Notzing e René Sudre, em 1923; Liebdzinski, em 1924; Joseph Banks Rhine, em 1937 e, por fim, R. H. Thouless e B. P. Wiesner, em 1942, propuseram uma divisão dos eventos sensitivos nos tipos Psi-Gama e Psi-Kapa, cujas nomenclaturas foram oficializadas no Congresso Internacional de Parapsicologia, realizado em Utrecht, Holanda, em 1953, e assentidas pela Parapsychology Association.[12] [13]

O grupo de fenômenos Psi-Gama abrange relatos de cognição paranormal ou percepção extrassensorial, indicando uma capacidade de se obter informação sem a utilização dos canais sensoriais humanos ou de inferências lógicas, cujos efeitos mentais são: telepatia, clarividência, clariaudiência, xenoglossia, regressão de memória, precognição, recordação de vida passada e outros.

Os dois efeitos Psi-Gama mais investigados pela parapsicologia foram a clarividência e a telepatia. A clarividência foi o primeiro fenômeno estudado e comprovado a partir das pesquisas desenvolvidas com baralho (cartas Zener) pelo botânico Joseph Banks Rhine, em 1940. O paranormal *adivinhava* qual carta apareceria numa frequência estatisticamente significativa. A telepatia tem sido bastante estudada em todo o mundo, inclusive para fins astronáuticos e militares. Os dois fenômenos são aceitos mundialmente, mas discutidos quanto aos seus mecanismos de funcionamento: se são de origem física ou extrafísica.[14]

Ademais, também bastante estudados por vários pesquisadores contemporâneos, entre eles Ian Stevenson,[15] [16] [17] Hemendra Banerjee[18] e Brian Weiss[19] são os fenômenos paranormais da xenoglossia e da regressão de memória, temas da segunda parte deste livro.

---

[12] THOULESS, Robert H.; WIESNER, Bertold. P. The present position of experimental research into telepathy and related phenomena. *Proceeding of the SPR*, v. 47, n. 166, p. 1-19, 1942.

[13] BORGES, Valter da Rosa. *Manual de parapsicologia*. Recife: Instituto Pernambucano de Pesquisas Psicobiofísicas, 1992.

[14] BORGES, 1992.

[15] STEVENSON, Ian. *Vinte casos sugestivos de reencarnação*. São Paulo: Difusora Cultural, 1970.

[16] STEVENSON, Ian. Half a career with the paranormal. *Rev. Psiq. Clín.*, v. 34, suppl. 1, 2007, p. 150-5.

[17] STEVENSON, Ian. *Xenoglossia – Novos estudos científicos*. São Paulo: Vida e consciência, 2012.

[18] BANERJEE, Hemendra Nath. *Vida pretérita e futura:* um impressionante estudo sobre reencarnação. Rio de Janeiro: Nórdica, 1979.

[19] WEISS, Brian L. *A cura através da terapia de vidas passadas*. Rio de Janeiro: Salamandra, 1996.

O CASO DE MONTSERRAT

Os fenômenos Psi-Kapa fazem referência à ação física paranormal – ou psicocinese. Englobam relatos da ação ou efeito da mente sobre a matéria, quando as preferências ou pensamentos de pessoas parecem afetar o ambiente físico, sem a mediação do sistema muscular, de outra força física ou de mecanismo físico reconhecido, gerando a levitação, a materialização, transportes, desvios de pequenos corpos e demais.

Os relatos de fenômenos Psi-Kapa sempre foram bem menos frequentes do que os do tipo Psi-Gama e eram chamados Macro-PK, quando possibilitavam a observação visual direta do efeito (movimento de objeto); ou Micro-PK, quando a observação não era possível e necessitava de mensuração e de análises estatísticas (a influência mental direta sobre um equipamento eletrônico). Havia, também, a categoria Bio-PK relacionada à ação da mente afetando organismos vivos.[20]

Um grupo de parapsicólogos aceitou uma terceira categoria de fenômenos paranormais, a Psi-Theta, quando as atividades possuem a interferência de *pessoas mortas*. O grupo de pesquisadores Theta surgiu na Duke University, Carolina do Norte, EUA, e foi coordenado pelo professor Joseph Gaither Pratt (1910-1979), um psicólogo norte-americano especializado no campo da parapsicologia. Entre seus interesses de pesquisa estavam a percepção extrassensorial, a psicocinese, a mediunidade e os poltergeists (ruído ou manipulação de objetos de modo sobrenatural). Pratt trabalhou na Duke em associação com Joseph Banks Rhine e na Columbia University com Gardner Murphy.[21] A equipe escolheu a oitava letra grega, Theta, para representar essas investigações, uma vez que essa é a letra com que se escreve a palavra *morte*.

São exemplos de fenômenos Psi-Theta a *incorporação*, que é a manifestação de um morto no aparelho corpóreo de um médium; e a *psicofonia*: a comunicação de um falecido por meio do corpo, dos sentidos e da voz de uma pessoa viva. O grupo Psi-Theta pode se revelar ou se misturar com as outras duas categorias, resultando nas tríades Theta-Psi-Gama e Theta-Psi-Kapa. Um exemplo da primeira tríade é a

---

[20] BROUGHTON, 1991; RADIN, 1997; IRVIN, 1999 citados por SILVA, Fábio Eduardo da. *Psi*: é possível treinar? Revisando a literatura sobre desenvolvimento psi. 2009. Dissertação (Mestrado em Psicologia Social) – Programa de Pós-Graduação em Psicologia, Instituto de Psicologia, USP - Universidade de São Paulo, São Paulo, 2009.

[21] BORGES, 1992.

clarividência com a participação de pessoas mortas. A psicocinesia com a interferência de mortos é um exemplo Theta-Psi-Kapa.

No ano 2000 surgiu uma nova tendência de classificação dos fenômenos anômalos proposta por Berembaum *et al.*,[22] mais complexa e abrangente, que os categoriza em termos de três dimensões iniciais-processuais e de três dimensões fenomenológicas. As *dimensões iniciais-processuais* são: o *nível de consciência* (vigília, sono, estados alterados de consciência); a *vontade do sujeito* (experiências voluntárias ou involuntárias); o *controle do indivíduo sobre a experiência*. As *dimensões fenomenológicas* são: a *valência hedônica subjetiva* (experiências prazerosas ou incômodas); as *qualidades físicas e metafísicas* (experiências com foco sensorial ou que cruzam as barreiras do corpo, da mente e do espaço); *outros centrais* (relatos de envolvimento ou contato com outros indivíduos ou entidades).

Essas classificações foram publicadas no livro *Varieties of anomalous experiences*, de Cardeña *et al.*, pela renomada American Psychological Association, sendo uma das publicações mais completas e recentes sobre a temática, e costuma ser amplamente adotada pelo meio acadêmico. Suas definições de fenômenos transformaram-se numa referência atual e algumas delas serão mencionadas a seguir.

EXPERIÊNCIA FORA DO CORPO (EFC)

Também chamada de *viagem astral*, *desdobramento* ou *exomatose*, designa as experiências que os sujeitos têm na ausência do corpo físico e podem acontecer tanto no local onde se encontrava originalmente a pessoa quanto em lugar distante dali. O indivíduo sente que seu *self* ou o centro da sua consciência está localizado fora de seu físico. As experiências reportadas por aquele que vivencia o desdobramento são organizadas de modo consistente com a perspectiva *fora do corpo* e incluem características como a sensação de estar flutuando, voando, viajando para locais distantes, atravessando paredes, objetos e pessoas, observando o próprio corpo físico à distância, entre outras.[23]

---

[22] BEREMBAUM, Howard; KERNS, John; RAGHAVAN, Chitra. Anomalous experiences, peculiarity and psychopathology. *In:* CARDEÑA, Etzel; LYNN, Steven Jay, KRIPPNER, Stanley C. (ed.). *Varieties of anomalous experience:* examining the scientific evidence. Washington: American Psychological Association Press, 2000. p. 25-82.

[23] ALVARADO, 2000 citado por CORREDATO, 2014.

EXPERIÊNCIA DE QUASE MORTE (EQM)

São eventos psicológicos profundos com elementos transcendentais e místicos que ocorrem com indivíduos que estiveram próximos da morte ou que, de fato, foram considerados em estado clínico de óbito e tiveram suas funções fisiológicas restabelecidas. A experiência inclui inefabilidade, a sensação de transcendência do ego pessoal e a sensação de união com um ser divino etc.[24]

EXPERIÊNCIA ALUCINATÓRIA (EA)

É definida pela psicopatologia como uma percepção sensorial com o mesmo senso de realidade de uma percepção verdadeira, mas que ocorre na ausência de estimulação externa do órgão sensorial relevante. No que se refere aos fenômenos anômalos, estudiosos[25] sugerem que alucinação é qualquer experiência do tipo perceptiva que acontece sem o estímulo apropriado, que tem a mesma força ou impacto da percepção verdadeira correspondente e que não é submissa ao controle direto e voluntário do experienciador.

SONHOS LÚCIDOS (SL)

O indivíduo tem consciência de estar sonhando quando, na verdade, está dormindo e sonhando. Pessoas que têm essa experiência relatam diferentes níveis de lucidez, sendo o melhor dos casos aquele em que o sujeito alega ser capaz de pensar com clareza, lembrar-se de condições de sua vida enquanto acordado, e agir voluntariamente ou de acordo com planos feitos antes do sono. Entretanto, permanece dormindo e vivenciando um sonho que parece vividamente real.[26]

XENOGLOSSIA (XG)

Consiste na capacidade de falar em uma ou mais línguas que não foram previamente aprendidas.[27]

---

[24] MOREIRA, Osvaldo Hely. Experiências de quase morte. *In:* SALGADO, Mauro Ivan; FREIRE, Gilson (org.). *Saúde e espiritualidade:* uma nova visão da medicina. Belo Horizonte: Inede, 2008.

[25] SLADE; BENTALL, 1988 citados por CARDEÑA, 2000.

[26] LABERGE; GACKENBACH, 2000 citados por CORREDATO, 2014.

[27] STEVENSON, 2012.

PSICOFONIA (PF)

O fenômeno é intitulado *incorporação* pelo espiritismo e *psicofonia* pela parapsicologia. Trata-se do ato pelo qual uma personalidade desencarnada se manifesta através do corpo do sujeito médium, voluntária ou involuntariamente, e possui duas modalidades: a consciente e a inconsciente. Na incorporação consciente, o sensitivo percebe, mentalmente ou por clariaudiência, a comunicação proveniente de um espírito que deseja emitir mensagem. No tipo inconsciente ou sonambúlico, o corpo do mediador é utilizado pela entidade sem que ele saiba ou consinta.[28][29]

SINESTESIA (SN)

Refere-se ao fenômeno perceptivo em que imagens sensoriais ou qualidades de determinada modalidade, por exemplo, a visão, são transferidas para outra modalidade sensorial, como o olfato, o paladar, o tato ou a audição. Para o sujeito com tais habilidades, alguns sabores podem ser percebidos como tendo cores distintas ou determinados sons podem assumir formas e tamanhos específicos.[30]

EXPERIÊNCIA DE VIDAS PASSADAS (EVP)

Também chamada de *palingenesia*, define-se como relatos de impressões ou de experiências que o sujeito tem de si como sendo determinado indivíduo, que não si mesmo, num tempo ou existência passada. Relatos espontâneos de sobreposição de identidade podem ser bastante frequentes entre crianças de vinte e quatro a sessenta meses, sem que haja negação da identidade atual. Contudo, essas experiências também são realidade entre adultos.[31][32][33][34]

---

[28] KARDEC, Allan. *O livro dos médiuns*. Rio de Janeiro: Federação Espírita Brasileira, 1944.

[29] ANDRÉA, Jorge. *Enfoques científicos na doutrina espírita*. Rio de Janeiro: Lorenz, 1991.

[30] MARKS, 2000 citado por CORREDATO, 2014.

[31] STEVENSON, 1970.

[32] STEVENSON, I.; SAMARARATNE, G. Three new cases of the reincarnation type in Sri Lanka with written records made before verification. *J. Nerv. Ment. Dis.*, v. 176, n. 12, 1988.

[33] WOOLGER, Roger J. *As várias vidas da alma:* um psicoterapeuta junguiano descobre as vidas passadas. São Paulo: Cultrix, 1998.

[34] WEISS, Brian L. *Muitas vidas, muitos mestres*. Portugal: Pergaminho, 1998.

CURAS ANÔMALAS (CA)

É a recuperação inesperada de doenças sérias, havendo pouca ou nenhuma base para sua ocorrência no contexto da biomedicina.[35] [36]

EXPERIÊNCIA MÍSTICA (EM)

Essa vivência não pode ser definida de uma única forma, nem tampouco existe consenso sobre sua diversidade. Porém, segundo experienciadores, as vivências qualificadas como místicas divergem fundamentalmente daquela promovida pela consciência comum e deixa uma forte impressão de ter sido encontrada uma realidade diferente e crucialmente mais elevada que a realidade diária. Mesmo sendo comumente raras e fugidias, tais experiências costumam ser narradas como momentos determinantes nas vidas de quem as teve.[37]

CONTATO COM EXTRATERRESTRE (CET)

Os relatos encontrados na literatura referem-se a capturas (ser sequestrado e levado a bordo de um Ovni), exames (ser submetido a exames físicos, mentais, espirituais por alienígenas), conferência (comunicação com abdutores), *tour* (viagem guiada por meio do Ovni), jornada para outros mundos (transporte para lugar distante na Terra ou mesmo fora do planeta), teofania (recebimento de mensagens espirituais), retorno (saída do Ovni ou volta à Terra), suas consequências (efeitos de todo tipo após a abdução), outros.[38]

EXPERIÊNCIAS RELACIONADAS À PSI (TELEPATIA, CLARIVIDÊNCIA, PRECOGNIÇÃO E TELECINESIA)

Esses fenômenos têm sido investigados por estudiosos de áreas diversas desde o final do século XIX. Muitas vezes foram utilizadas pesquisas controladas em laboratório, em que um consenso denomi-

---

[35] KRIPPNER; ACHTERBERG, 2000 citados por CORREDATO, 2014.

[36] CHIESA, Gustavo Ruiz. *Além do que se vê*: magnetismos, ectoplasmas e paracirurgias. Porto Alegre: Multifoco, 2016. 273 p.

[37] WULFF, 2000 citado por CORREDATO, 2014.

[38] APPELLE *et al.* citado por CORREDATO, 2014.

nou *Psi* o teor paranormal dessas vivências (presumida transferência de informação anômala). São *experiências relacionadas à Psi*, a telepatia, a clarividência, a precognição e a psicocinesia. Por motivos metodológicos, telepatia, clarividência e precognição costumam ser agrupadas na expressão PES – percepção extrassensorial ou ESP – do inglês *extra-sensory perception*.[39] Cada um desses fenômenos será explicado a seguir:

Telepatia

É um tipo de comunicação direta entre as mentes de indivíduos, desprovida dos cinco sentidos ou inferência lógica, na qual a informação obtida necessita estar restrita à mente de outrem. Trata-se da capacidade de se comunicar à distância, já que a telepatia é também entendida como a linguagem do pensamento.[40] [41]

Clarividência e clariaudiência

Clarividência é o conhecimento não usual de eventos distantes, é ver a distância e com independência dos órgãos sensoriais. A *clariaudiência* possui o mesmo mecanismo da clarividência, mas voltada a uma habilidade auditiva referente a sons do plano imaterial, com ou sem imagem.[42] [43]

Precognição e retrocognição

Também chamada de *premonição*, a precognição é o conhecimento de fatos futuros por meios não convencionais. Pode se manifestar na forma de *clarividência* (*ver* eventos futuros) ou de *telepatia* (*captar* pensamentos ou emoções de outrem), sugerindo a percepção de informações que ainda não existem, que não podem ser deduzidas pelos fatos do presente e que se confirmam num futuro próximo ou distante. A *retrocognição* é a inversão temporal da precognição e

---

[39] CORREDATO, 2014.

[40] ALVARADO, Carlos S. Fenômenos psíquicos e o problema mente-corpo: notas históricas sobre uma tradição conceitual negligenciada. *Rev. psiquiatr. clín.*, São Paulo, v. 40, n. 4, p. 157-161, 2013.

[41] EDGE, *et al.*,1986; BROUGHTON, 1991; IRVIN, 1999 citados por SILVA, 2009.

[42] ANDRÉA, 1991.

[43] BORGES, 1992.

designa ao acesso não sensorial ou dedutivo a fatos passados os quais o paranormal desconhecia.[44] [45]

O pesquisador Belof[46] apresenta outra classificação na qual a claravidência e a telepatia podem se referir igualmente a três modalidades de tempo, nominando-as clarividência retrocognitiva (passado); clarividência contemporânea (presente) e clarividência precognitiva (futuro) ou telepatia retrocognitiva (passado); telepatia contemporânea (presente) e telepatia precognitiva (futuro).

Psicocinesia

É a influência da mente sobre a matéria. O fenômeno foi bastante estudado pela parapsicologia na primeira metade do século XX e inserida na categoria Psi-Kapa. Esses eventos podem ser exemplificados também com a *telecinese*, que é a capacidade de uma pessoa movimentar, manipular ou abalar um sistema físico sem haver interação física, apenas usando a mente, e produzem efeitos como: entortar talher, fazer uma mesa girar, lançar uma pessoa de um local a outro etc. A telecinesia produz o mesmo efeito da psicocinesia, mas a distância.

Para Rhine,[47] a psicocinesia ocorre sem qualquer fator intermediário entre a mente e a matéria, pois "a mente possui uma força capaz de agir sobre a matéria. Produz sobre o meio físico efeitos inexplicáveis por meio de uma energia ainda desconhecida". Estudos sobre o fenômeno tiveram início na Duke University, em 1934.

De acordo com outros pesquisadores, para que a mente possa agir sobre a matéria existiria um agente intermediário, a exemplo do ectoplasma, que é a substância que emana de paranormais de efeitos físicos quando estão em transe. O termo ectoplasma foi criado em 1894, por Charles Richet (1850-1935), baseado em estudos desenvolvidos com as médiuns de efeitos físicos da Itália e da França, respectivamente, Eusápia Paladino (1854-1918) e Marthe Bèraud (1886-1943). Após esse período, estudiosos como Carington, Soal, Price, Thoules, Crawford, Herculano Pires e outros aceitaram a proposta de associação entre ectoplasma e telecinesia.[48]

---

[44] ANDRÉA, 1991.

[45] SILVA, 2009.

[46] BELOF, 1993 citado por SILVA, 2009.

[47] RHINE, Joseph Banks. *O novo mundo do espírito*. Tradução de E. Jacy Monteiro. São Paulo: Best-seller, 1966.

[48] CHIESA, 2016.

Como foi possível observar, os eventos anômalos são diversos, além de variarem entre as pessoas e, periodicamente, alteram-se num mesmo sujeito. Apesar de o meio acadêmico se comportar com resistência na lida com o assunto, a história revela que teorias tornam-se aceitáveis quando o objeto de estudo se mostra importante, e esse processo pode ser demorado.[49]

Há relevância em serem desenvolvidos estudos sobre os fenômenos apresentados já que tais vivências são identificadas em abundância na população mundial.[50] [51]

HISTÓRICO

Existem registros históricos de experiências paranormais desde a Antiguidade e mesmo na Bíblia há várias referências relacionadas a esses fenômenos. O livro de gênesis narra os sonhos proféticos de José, conforme será elucidado a seguir.

> José teve dois sonhos extraordinários. No primeiro, ele viu a si e a seus irmãos, cada um amarrando um feixe de trigo. Os dos irmãos rodeavam e se curvavam ao feixe dele, que permanecia de pé. No segundo, sol, lua e onze estrelas se curvaram diante de José. Esses sonhos vinham de Jeová Deus. Eles eram proféticos, e Deus queria que José revelasse a mensagem contida neles.[52]

No livro de Samuel é citado o caso de uma mulher incorporada com o espírito de uma pitonisa para fins de interrogatório. Há menções à reencarnação no Antigo Egito e elas estão presentes tanto no Antigo como no Novo Testamento. Ainda nas tradições orais xamânicas de várias culturas, os relatos de vivências extraordinárias são frequentes.[53] [54] [55]

Foi na antiga Grécia que os fenômenos anômalos tiveram posição de destaque nas escolas de Sócrates (469 a.C. - 470 a.C.) e de Platão

---

[49] RHINE, 1961; RADIN, 1997 citados por CORREDATO, 2014.

[50] MACHADO, Fatima R. *Experiências anômalas na vida cotidiana*: experiências-extra-sensório-motoras e sua associação com crenças, atitudes e bem-estar subjetivo. 2009. Tese (Doutorado em Psicologia Social) – Instituto de Psicologia, USP - Universidade de São Paulo, 2009.

[51] BORGES, 1992.

[52] GENESIS, capítulo 37, versículos 6, 7 e 9-25 p.

[53] ANDRÉA, Jorge. *Nos alicerces do inconsciente*. São Paulo: Selecta, 1980.

[54] BORGES, 1992.

[55] SILVA, 2009.

(429 a.C. - 348 a.C.), os quais mencionavam experiências de clarividência, clariaudiência, telepatia e precognição nos textos filosóficos da época e costumavam consultar oráculos para a previsão do futuro, como o tarô, por exemplo. Séculos mais tarde, na França medieval, acreditava-se que alguns reis, chamados de taumaturgos, eram capazes de curar com o toque. Ou seja, da Antiguidade ao advento de Jesus Cristo, os fenômenos paranormais eram relatados com frequência e riqueza de detalhes, incluindo aqueles relativos ao próprio Cristo.[56]

Depois dele, por motivos religiosos, as menções a eventos sensitivos passaram a ser tolhidas. Em 325 d.C., o imperador romano Constantino, o Grande, juntamente com a sua mãe, Helena, mandou eliminar as referências à reencarnação que estavam contidas no Novo Testamento. O Segundo Concílio de Constantinopla, realizado em 553 d.C., assentiu a atitude de décadas anteriores, considerando o conceito de reencarnação como uma heresia. Segundo a interpretação de estudiosos, a ideia de voltar a nascer iria enfraquecer o poder crescente da Igreja, dando aos seres humanos demasiado tempo para buscarem a sua salvação.[57] [58]

Fato é que as referências originais ao fenômeno da reencarnação haviam existido. Os primeiros padres da Igreja tinham aceitado o conceito e isso também se verificava no gnosticismo primitivo – movimento religioso de caráter sincrético e esotérico desenvolvido à margem do cristianismo institucionalizado, combinando misticismo e especulação filosófica –, pois Clemente de Alexandria, Orígenes, S. Jerónimo e outros acreditavam que já tinham vivido antes e que voltariam a viver.[59]

O movimento de repressão aos fenômenos parapsicológicos foi se intensificando ao longo dos séculos e atingiu seu ápice na Inquisição da Idade Média, quando evidências do tipo eram consideradas pelo tribunal como loucura, bruxaria e/ou magia negra, e as pessoas costumavam ser sentenciadas à fogueira em praça pública. Por exemplo, a guerreira francesa Joana D'Arc foi queimada viva por relatar conversas suas com anjos.[60] [61]

---

[56] CORREDATO, 2014.
[57] ANDRÉA, 1980.
[58] BORGES, 1992.
[59] WEISS, 1998.
[60] ANDRÉA, 1980.
[61] ANDRÉA, 1991.

A Renascença, ocorrida entre meados do século XIV e final do XVI, enviou novos ares e amplitude de pensamento para a humanidade, pois cunhou profundas transformações: os dogmas religiosos cederam o lugar central para o homem e o capitalismo começou a emergir, provocando uma evolução em relação às estruturas medievais e seus efeitos na cultura, sociedade, política, economia, religião, artes, filosofia e ciências. O progressivo arrefecimento da influência religiosa sobre a sociedade e a crescente valorização da racionalidade, da ciência e da natureza foram abrindo espaço para a chegada da parapsicologia.[62]

De acordo com Borges,[63] desde a sua inserção, a parapsicologia atravessou cinco etapas, assim compreendidas: *Pré-espírita*, *Espiritismo*, *Metapsíquica*, *Transição* e *Parapsicologia*. Estudos posteriores inseriram mais duas fases à divisão de Borges. São elas: *Pesquisa e teoria Psi* e, por fim, a *Ficcional*.[64] As sete etapas serão explicitadas a seguir.

Na primeira fase, a *Pré-espírita* (1826 a 1856), surgiram os fenômenos de toribismo, em Hydesville, Califórnia, EUA, produzidos pelas irmãs Fox, tornando-se os fatos precursores do movimento espírita. Toribismo é um termo alemão que significa *fantasmas barulhentos*, porque representa o movimento das mesas girantes surgido na Europa por volta de 1850.

A segunda fase, *Espiritismo* (1857 a 1881), foi marcada pelo desenvolvimento de pesquisas com a participação de médiuns e pela publicação de *O livro dos espíritos* (1857), que é um conjunto de mensagens mediúnicas codificado por Hippolyte Léon Dénizard Rivail, nome de batismo de Allan Kardec.

A terceira etapa – *Metapsíquica* (1882 a 1933) – registra a fundação de instituições que favoreceram os estudos científicos dos fenômenos paranormais, como a Sociedade de Pesquisas Psíquicas de Londres (1882), a Sociedade Norte-Americana de Pesquisas Psíquicas (1885) e o Instituto Metapsíquico Internacional (1919). Com isso, várias investigações acadêmicas foram realizadas, publicações foram feitas, fundos de fomento à pesquisa foram criados e congressos internacionais aconteceram em diversos países.

---

[62] ANDRÉA, 1980.

[63] BORGES, 1992.

[64] SARTI, Geraldo dos Santos. Breve histórico da parapsicologia. *Parapsicologia*, Rio de janeiro, jun. 2009. Disponível em http://parapsicologia-rj.com.br/aulas/aula02/aula02.htm. Acesso em: 24 nov. 2019.

Transição (1934 a 1952) intitula o quarto período, que teve início com a publicação do livro *Percepção extrassensorial*, de Joseph Banks Rhine,[65] e pela maior inserção da parapsicologia na academia, com o desenvolvimento de pesquisas junto a pessoas comuns, publicações, congressos, e a criação da cadeira de parapsicologia em universidades, como a Duke (EUA), a Bonn (Alemanha) e a Utrecht (Holanda).

A quinta fase, *Parapsicologia* (1953 a 1969), foi marcada pelo nascimento da parapsicologia como ciência e pela criação da psicotrônica como um de seus ramos. Psicotrônica é a ciência que associa os fenômenos psiconeurológicos do homem e dos outros seres vivos de um lado, e os fenômenos da energia do outro.

Nesse período foram fundados no Brasil o Instituto Brasileiro de Pesquisas Psicobiofísicas (IBPP) (SP), o Instituto Pernambucano de Pesquisas Psicobiofísicas (IPPP) (PE), o Instituto de Parapsicologia do Rio de Janeiro (IPRJ) (RJ), o Centro Latino-Americano de Parapsicologia (Clap) (SP) e a Associação Brasileira de Parapsicologia (Abrap) (RJ), que desenvolviam estudos com os métodos laboratorial, estatístico, quantitativo e cursos de pós-graduação lato sensu no país, fomentando encontros em cidades como São Paulo, Rio de Janeiro, Recife e Brasília.

A década de 1950 inaugurou a fase de conquista do espaço sideral. Em 1957, o Sputnik foi lançado à lua pela Rússia e, em 1969, Neil Armstrong pisou no mesmo satélite pelo projeto americano Apollo.

Na sexta fase, da *Pesquisa e Teoria Psi* (1970 a 1999), o astronauta Edgar Mitchell – que também foi à lua em 1973 – fundou o Instituto de Ciências Noéticas (do grego *nous*: mente), onde eram pesquisadas as capacidades mentais e os EACs (estados alterados de consciência), com foco nas experiências telepáticas que o astronauta costumava vivenciar ao ver a Terra do espaço.

Na parapsicologia, os pesquisadores objetivavam repetir ou provocar os fenômenos paranormais usando métodos qualitativos, com observação dos estados internos e externos dos indivíduos em exame e sob monitoração. Os fenômenos nomeados Psi ou os EACs foram investigados pelo inglês Aldous Huxley e pelo estadunidense Charles Tart, que estudaram a relação dos fenômenos parapsicológicos com os EACs.

---

[65] RHINE, Joseph Banks. *Percepção extrassensorial*. Durham: Duke University, 1934.

Essa fase também foi marcada pelo desenvolvimento da física quântica e a sua aproximação da parapsicologia, com a publicação do livro *Quantum physics and parapsychology,*[66] na Suíça, quando foram desenvolvidas teorias explicativas da psicocinese (ação da mente sobre a matéria), do poltergeist (ação de um morto sobre o meio) e da teleportação (processo de moção de objetos de um lugar para outro com a transformação da matéria em alguma forma de energia e sua posterior reconstituição em outro local, baseado na famosa fórmula de Einstein $E = m.c^2$).

Na sexta etapa destacaram-se teorias do campo da psicologia, da mecânica, da física e outros, que despontaram tanto no exterior quanto no Brasil, como a da *sincronicidade*; a do *campo biomagnético*; da *ordem implícita e* a *de coerência* ou *holomovimento.*

Sincronicidade ou *coincidência significativa* é um conceito desenvolvido pelo psicólogo suíço Carl Gustav Jung, no fim da década de 1920, para definir acontecimentos aleatórios que não ocorrem por uma causalidade, mas parecem se relacionar em termos de significado. Trata-se da experiência de ocorrerem dois ou mais eventos que se casam de modo significativo para os envolvidos na *coincidência significativa*, sugerindo um padrão subjacente ou dinâmico, o que difere da aleatoriedade das circunstâncias.[67]

A teoria do *campo biomagnético* é um sistema terapêutico criado pelo médico mexicano Isaac Goiz Durán em 1988, por meio do qual são utilizados potentes ímãs no combate de parasitas, bactérias, fungos e vírus: causas de patologias. O tratamento para a prevenção ou a cura da doença acontece com a aplicação de ímãs nas partes afetadas do corpo, a uma intensidade mínima de 2.500 *Gauss*, visando ao restabelecimento do equilíbrio biomagnético do paciente.[68]

A teoria da *ordem implícita e de coerência* ou *holomovimento*, do físico estadunidense David Joseph Bohm, baseia-se na ideia que a natureza básica da realidade é holográfica, que está em constante mudança e em que tudo está ligado a tudo: ao explícito e ao implícito, que convivem de forma complexa. A ordem explícita do mundo fenomênico

---

[66] GARRET, Eileen; BOLTON, Frances P. *Quantum physics and parapsychology*: proceedings of an International Conference Held. Geneva, Switzerland: Parapsychology Foundation, 1975. p. 26-27.

[67] JUNG, Carl Gustav. *Sincronicidade*. Petrópolis: Vozes, 2005.

[68] LEÓN, Ana Micaela Castro. *Biomagnetismo psicoemocional. Teoría de biomagnetismo psicoemocional y guia de aplicación práctica*. Spanish: Kindle edition, 2019.

subjaz uma ordem implícita – uma ordenação sob um aparente caos – que expressa um sentido oculto ou não, dependendo da rede epistemológica do observador.

A ordem explícita seria o universo espaço-temporal em que o ser humano vive. A ordem implícita seria o contexto não manifesto. Em termos de hierarquia, a ordem implícita seria a primária, fundamental, enquanto que a explícita estaria sobre a superfície da anterior sob a forma de ondulações passageiras, ou seja, mantém-se em constante mudança.[69]

A sétima fase – *Ficcional* (a partir do ano 2000) – tem sido fortemente marcada pela revolução tecnológica, informacional e midiática que ocorre ao redor do mundo e que tem produzido impactos globais. No âmbito da parapsicologia, propiciou a produção de obras ficcionais sobre espaço sideral, fenômenos anômalos, extraterrestes e a sua popularização. Consideram-se como precursores do atual período os filmes *2001 – Uma odisseia no espaço* (1968), de Stanley Kubrik, que aborda uma missão espacial no século XXI; e *Viagens alucinantes* (1981), de Ken Russel, que reproduz com fidelidade as experiências de estados alterados da consciência e suas explicações por meio das teorias parapsicológicas.

Durante o período atual de culto ao universo ficcional, em que a indústria cultural fabrica bens com intensidade – música, literatura, filmes e programas de TV para todas as faixas etárias –, verifica-se que alguns deles apresentam as experiências anômalas com fidedignidade. Às vezes, o realismo é tamanho que faz pensar se o autor da história possui habilidades paranormais de fato. Por outro lado, em algumas ocasiões o assunto costuma ser abordado com distorções preocupantes, atribuindo ao indivíduo sensitivo lugares irreais, antagônicos e estigmatizadores.

É facilmente perceptível que, ao longo de décadas, emissoras de televisão brasileiras têm investido em telenovelas cujos temas exploram o universo abordado neste livro. Para efeito de ilustração cito aqui alguns dos vários títulos exibidos, em ordem decrescente de datas: *Espelho da vida* (2018) e *Além do tempo* (2015), de Elizabeth Jhin; *Alto astral* (2014), de Daniel Ortiz; *O profeta* (1977), de Ivani Ribeiro, readaptada por Thelma Guedes e Duca Rachid (2006); *Páginas da vida* (2006), de Manoel Carlos; *Alma gêmea* (2005), de Walcyr Carrasco; *Anjo de mim* (1996), de Walter Negrão; *A viagem* (1994), de

---

[69] BOHM, David. *A totalidade e a ordem implicada*: uma nova percepção da realidade. São Paulo: Cultrix, 2001.

Ivani Ribeiro; *De quina pra lua* (1985), de Alcides Nogueira; e *Sétimo sentido* (1982), de Janete Clair.

A telepatia e a premonição são os fenômenos mais conhecidos do grande público, pois são mais vivenciados pela população e bastante explorados pela indústria cultural. Tais fenômenos aparecem em filmes, como: *O telepata* (The speed of thought, 2011); *Premonição* (Premonition, 2007); *O dom da premonição* (The gift, 2000); *A hora da zona morta* (The dead zone, 1987) e outros.

Uma obra do cinema que faz uma associação entre paranormalidade de efeitos físicos e transtorno mental é *Carrie – A estranha* (Carrie, 2013). Retratam bem a coexistência das dimensões física e espiritual com a comunicação entre vivos e mortos as obras *Assombrada pelo passado* (Haunter, 2013); *Um olhar do paraíso* (The lovely bones, 2010) e *Os outros* (The others, 2001). *O mistério da libélula* (Dragonfly, 2002) traz à cena a comunicação entre vivos e mortos, a experiência de quase morte (EQM), sendo que o filme também mostra com maestria a questão dos conflitos de uma pessoa que possui experiências anômalas, tanto devido à falta de credibilidade que o mundo externo deposita nos relatos quanto por conta da própria falta de compreensão do indivíduo.

Um filme a ser citado é *Além da vida* (Here after, 2011). Ele conta três histórias distintas inicialmente e interligadas nos últimos momentos: de Cécile, uma jornalista cética, vítima de uma EQM durante um tsunami, que transforma sua visão da vida, da morte e de todo o seu entorno; do médium George, que tem dificuldades em aceitar seus dons sensitivos; e dos irmãos gêmeos Marcos (vivo) e Jason (morto), retratando a busca do primeiro em estabelecer contato com o outro.

Uma película que ilustra com realismo a palingenesia ou lembranças de vidas passadas é *Minha vida na outra vida* (Yesterday's children, 2000), baseado em fatos reais relatados no livro homônimo, de Jenny Cockell.

Filmes que apresentam bem o lugar do paranormal são: *O sexto sentido* (Sixth sense, 1999), *A casa dos espíritos* (The house of the spirits, 1993) e o infantil *ParaNorman* (ParaNorman, 2012). Obras que mostram de modo bastante crível o que pode ser vivenciado numa experiência fora do corpo são a série de desenho animado norte-americana *Steven universo* (Steven universe, 2013) e o longa-metragem *Doutor Estranho* (Doctor Strange, 2016). Ademais, há os filmes de terror se utilizando de alguns fenômenos anômalos que materializam a esfera *underground* do mundo espiritual.

Em outras manifestações artísticas, como nas obras literárias, dramatúrgicas e musicais, também são utilizados temas que interligam a vida diária, *real* à esfera transcendente. Como possuo maior familiaridade com a vertente musical, apresentarei a seguir trechos de três canções (duas nacionais e uma internacional) que sugerem os fenômenos anômalos, sobretudo os reencontros de existências passadas.

Canção nacional 01[70]

Título: Quem é você
Autoria: Lyle Mays, Luiz Avellar

Quem é você? Por que te vejo sem te ver?
Quem é você?
Sabe você,
Por que te sinto sem te ver?
Quem é você? Por que te espero sem saber? [...]
Alguém por mim,
Me faça enfim te conhecer
Pra eu ser feliz

Canção nacional 02[71]

Título: Quem é você
Autoria: Isolda Bourdot Fantucci e Eduardo Dusek

Quem será que me chega na toca da noite
Vem nos braços de um sonho que eu não desvendei
Eu conheço o teu beijo, mas não vejo o teu rosto
Quem será que eu amo e ainda não encontrei? [...]
Que saudade é essa do amor que eu não tive?
Por que é que te sinto se nunca te vi?
Será que são lembranças de um tempo esquecido
Ou serão previsões de te ver por aqui? [...]

Canção internacional[72]

Título: Quédate

---

[70] POSSI, Zizi *Quem é você*. São Paulo: Velas: 1993. Suporte (4:13 min).

[71] OLIVEIRA, Simone. *Quem é você*. Rio de Janeiro: Sony music: 1995. Suporte (3:09 min).

[72] FABIAN, Lara. *Quédate*. Paris: Sony/Columbia: 2002. Suporte (4:31 min).

Autoria: Denise Rich e KC Porter

Apareciste así
Y fue el destino que nos quiso reunir
Algún camino de otro tiempo mas feliz
Te trae de nuevo aquí
Mi vida amaneció
Y cada luz de mi universo se encendió
En otro rostro me dijiste: Aquí estoy yo
Y yo te conocí. Y mi vida te ofrecí

Tradução

Título: Fica
Autoria: Denise Rich e KC Porter

Apareceste assim
E foi o destino que quis nos reunir
Algum caminho de outro tempo mais feliz
Te traz de novo aqui
Minha vida se amainou
E cada luz do meu universo se incendiou
Em outro rosto me disseste: Aqui estou eu
E eu te conheci. E minha vida te ofereci

Há algumas décadas tem emergido um movimento no meio acadêmico que amplia os horizontes e une as duas pontas – *ciência e espiritualidade* –, resultando em cursos, pesquisas, publicações e debates de enorme relevância. Atualmente, também se observa o surgimento de um grande número de documentários sobre o assunto nas populares provedoras globais de filmes e séries via streaming, como a NetFlix e a Amazon Prime, talvez como resultado dos estudos acadêmicos que têm sido realizados. O movimento está em desenvolvimento, ainda se configurando, mas se já tivesse sido circunscrito e nomeado, a oitava etapa dos fenômenos sensitivos poderia ser intitulada *Fase ciência e espiritualidade*.[73] [74]

---

[73] COSTA, Luiz Cláudio. Saúde e transcendência. *In:* SALGADO, Mauro Ivan; FREIRE, Gilson. *Saúde e espiritualidade:* uma nova visão da medicina. Belo Horizonte: Inede, 2008.

[74] SALGADO, João Amilcar. O médico e as necessidades espirituais das pessoas. *In:* SALGADO, Mauro Ivan; FREIRE, Gilson. *Saúde e espiritualidade:* uma nova visão da medicina. Belo Horizonte: Inede, 2008.

OS FENÔMENOS ANÔMALOS NA ATUALIDADE

Apesar de os estudos sobre os fenômenos sensitivos ocorrerem há quase dois séculos, segundo o psiquiatra canadense Ian Stevenson,[75] trata-se de um campo bastante recente. Desde a sua inauguração, em 1826, até os tempos atuais, tudo o que foi produzido – pesquisas, bibliografias, instituições, eventos – se deve a investigadores que aceitaram a existência desses fenômenos como sendo integrantes da natureza humana e se interessaram em estudá-los, driblando as resistências interpostas.

Dentre vários deles, são importantes o filósofo Henry Sidgwickle, o ensaísta Frederic Myers, os físicos William Fletcher Barrett, Oliver Lodge e Balfourstewart, o político Arthur Balfour, o médico e psicólogo William James, o químico William Crookes, o astrônomo Camille FlamMário, o Nobel em medicina Charles Richet, o Nobel em literatura Henri Bergson, os metapsiquistas Eugênio Osty, Gustavo Geley, Alexandre Aksakof, o botânico Joseph Banks Rhine e sua esposa Louisa Ella Rhine, o médico psiquiatra Ian Stevenson, entre outros. Esses pesquisadores desempenharam um papel de relevância nas investigações sobre os fenômenos paranormais e muitos deles tiveram suas teorias combatidas, mais por preconceitos do que por falta de méritos científicos.[76]

Apesar da adesão de muitos estudiosos nas investigações da paranormalidade, a maior parte dos cientistas e teóricos da época relacionava esses fenômenos a fraudes, coincidências, ilusões, sugestões, alucinações, histeria e a outras patologias, como ainda ocorre hoje. Conforme menciona o psicólogo, historiador e parapsicólogo argentino, Carlos Alvarado, "esse tópico era tão controverso no passado quanto o é no presente".[77]

Verifica-se que grande parte dos cientistas é cética quanto aos fenômenos paranormais e, como tal, pensa ser uma perda de tempo pesquisar um objeto que não pode ser comprovado cientificamente. Devido ao ceticismo, tais estudiosos sequer se propõem a conhecer investigações realizadas sobre o tema que seguem protocolos cientificamente aceitos, cujo comportamento revela um tipo de dogmatismo científico similar ao radicalismo religioso medieval. A questão é que

---

[75] STEVENSON, 2007.

[76] MOREIRA-ALMEIDA, Alexander; LOTUFO NETO, Francisco. A mediunidade vista por alguns pioneiros da área mental. *Rev. Psiq. Clín.*, São Paulo, v. 31, n. 3, p. 132-141, 2004.

[77] ALVARADO, 2013, p. 158.

nem a religião, tampouco a ciência vigente, explica o universo, sequer a vida. Hoje, a física matemática busca chegar a uma teoria de tudo, mas sabe-se que teorias são temporárias, superáveis e o radicalismo não combina com a busca da verdade preconizada pela ciência.

Um exemplo da razão e da tecnologia associadas aos fenômenos Psi é a teoria da *Transcomunicação Instrumental*, ramo da Física Quântica que desenvolve projetos com diversos dispositivos no intuito de captar mensagens e imagens que estariam disponíveis em determinados meios, inclusive as de sujeitos falecidos. São exemplos de estudiosos que se dedicam à temática: Sonia Rinaldi, cujas pesquisas estão disponibilizadas no *site* do Instituto de Pesquisas Avançadas em Transcomunicação Instrumental (Ipati), fundado por Rinaldi. Também, Newton Braga,[78] autor do livro *Eletrônica paranormal: projetos para outra dimensão*.

Mundialmente, quanto aos eventos Psi, observa-se um tempo presente de transição com mudanças profundas se processando e produzindo efeitos diversos, ao que foi por mim chamado na seção anterior *de Fase Ciência e Espiritualidade*, ou oitava etapa dos fenômenos sensitivos na história.

Em comparação com o século passado, os estudos atuais sobre os fenômenos paranormais se arrefeceram, muitas instituições fecharam, entretanto, ainda que com menos intensidade, continuam a ser realizadas pesquisas em centros universitários por nomes importantes, como o do psiquiatra estadunidense Jim B. Tucker, diretor da Clínica de Psiquiatria Infantil e Familiar, e professor associado de Psiquiatria e Ciências Neurocomportamentais da Universidade de Virgínia, EUA. No Brasil temos o psicólogo Wellington Zangari, professor e coordenador de um grupo de estudos dos fenômenos anômalos na Universidade Federal de São Paulo, e Alexander Moreira-Almeida, médico psiquiatra, professor e coordenador do Núcleo de Pesquisa em Espiritualidade e Saúde (Nupes) da UFJF, entre outros estudiosos lá e cá.

Assim, há umas quatro décadas a temática *espiritualidade/religiosidade* tem sido compreendida como relevante para a saúde humana, quer seja para a sua manutenção, quer seja para o seu restabelecimento, sobre o que pesquisas, publicações e eventos têm sido realizados.[79]

---

[78] BRAGA, Newton C. *Eletrônica paranormal:* projetos para outra dimensão. São Paulo: Saber, 2006.

[79] MOREIRA, Alexander; STROPPA, André. Religiosidade e saúde. *In:* SALGADO, Mauro Ivan; FREIRE, Gilson. *Saúde e espiritualidade:* uma nova visão da medicina. Belo Horizonte: Inede, 2008.

Com isso, alguns médicos implantaram estudos de *Saúde e Espiritualidade* em centros universitários, que hoje já integram os currículos de cursos de dois terços de instituições nos EUA, como a Harvard e a Duke, coisa que tem fomentado as pesquisas e as publicações sobre o assunto.[80] [81] [82]

No Brasil, o panorama é semelhante, pois já se conta com núcleos de estudos sobre *Saúde e Espiritualidade* ou sobre fenômenos anômalos em universidades de São Paulo, Minas Gerais, Ceará e Rio Grande do Sul. Eles ofertam disciplinas em cursos de medicina e têm como proposta abordar o assunto e promover pesquisas, encontros e debates. Esses núcleos estudam diversas temáticas, como: a importância da religiosidade no processo de cura de patologias; as experiências de quase morte; diagnóstico diferencial entre a paranormalidade e os transtornos mentais; lembranças de vidas passadas; EQM e outros, representando avanços sobre o ceticismo que costuma habitar a academia. Como a produção científica influencia o comportamento humano, certamente, essa flexibilização repercutirá positivamente na sociedade.[83]

As transformações no meio científico deram origem à psicologia anomalística, uma nova disciplina que aplica os métodos psicológicos ao estudo das experiências anômalas e crenças associadas.[84] Num primeiro olhar essa recente vertente parece ocupar o espaço da parapsicologia, entretanto, há uma sutil diferença. Apesar desta última também fazer uso dos termos anômalo, anomalia ou anomalístico, a parapsicologia enfoca os eventos aparentemente sem explicação, propondo-se a investigações experimentais voltadas à comprovação ontológica dos fenômenos ditos paranormais em ambiente e condições controladas. A psicologia anomalística, por sua vez, ocupa-se das experiências anômalas em si e das crenças associadas, assim como da sua importância individual e cultural, sem necessariamente ter que assumir como verdadeiros os fenômenos relatados.[85]

---

[80] NOBRE, Marlene. Apresentação. *In:* SALGADO, Mauro Ivan; FREIRE, Gilson. *Saúde e espiritualidade: uma nova visão da medicina*. Belo Horizonte: Inede, 2008.

[81] SALGADO, 2008.

[82] COSTA, 2008.

[83] MOREIRA-ALMEIDA, Alexander; LUCCHETTI, Giancarlo. Panorama das pesquisas em ciência, saúde e espiritualidade. *Cienc.Cult.*, São Paulo, v.68, n.1, p. 54-57, mar. 2016. Disponível em: http://cienciaecultura.bvs.br/scielo.php?script=sci_arttext&pid=S0009-67252016000100016&lng=en&nrm=iso. Acesso em: 6 jun. 2020.

[84] HOLT *et al.* 2012 citados por CORREDATO, 2014.

[85] CORREDATO, 2014.

Em tempos de inclusão social, a psicologia anomalística parece ter um papel importantíssimo no processo voltado a considerar o universo dos fenômenos sensitivos, dando um espaço genuíno para a pessoa que vivencia tais eventos poder sair da invisibilidade para ser ouvida, compreendida e inserida no meio.

A PESSOA PARANORMAL

Fenômenos anômalos referem-se a vivências humanas em que as interações sensoriais e motoras produzem situações que não são experienciadas pela coletividade absoluta, mas eles têm sido relatados ao longo da história e em diversas nações. Isto é, apesar de serem relativamente inabituais, tais fenômenos são naturais.[86]

Ainda que, na atualidade, o termo *anomalístico* pareça mais adequado para a academia, outras palavras têm sido relacionadas ao sujeito que incita fenômenos paranormais ao longo do tempo, tais como: sensitivo, médium, paranormal, pessoa em estado alterado de consciência, agente Psi, entre outros. Explicar o porquê, como ocorrem os eventos e as diferenças de habilidades dentro desse grupo de indivíduos parece tão complexo quanto nomear tudo o que há no espaço sideral, decifrar a vida ou descrever todos os fatores que compõem a personalidade humana.

Os eventos sensitivos são vividos por um número grande de indivíduos, conforme aponta um estudo realizado na cidade de São Paulo por uma pesquisadora da Universidade de São Paulo (USP), no ano de 2009, cujo objetivo foi verificar a ocorrência de fenômenos não usuais entre centenas de pessoas entrevistadas. Os resultados revelaram que oitenta e três por cento dos depoentes tinham passado por pelo menos uma experiência do tipo sensitiva ao longo da vida.[87]

Algumas investigações entendem a habilidade paranormal como uma capacidade inerente ao ser humano mentalmente normal. Verifica-se que a grande maioria dos indivíduos pode passar por algum tipo de experiência sensitiva eventualmente, sendo esse grupo denominado *fronteiriço paranormal*, enquanto que ao número reduzido de pessoas que apresenta manifestações sensitivas frequentes são atribuídos os termos anteriores.[88]

---

[86] BANERJEE, 1979.
[87] MACHADO, 2009.
[88] BORGES, 1992.

Para Moreira-Almeida[89], a mediunidade é uma experiência humana presente em inúmeras sociedades, sobre a qual há uma substancial tradição de investigações científicas desde o século XIX, mas que negligenciam em suas implicações para a natureza da mente.

Pesquisadores como Banerjee,[90] Weiss[91] e Woolger[92] corroboram que a sensitividade possui relação com o plano inconsciente da psique do agente, instância que engloba os processos mentais e os conteúdos de difícil acesso por envolverem algum grau de sofrimento. Apesar de serem relativamente inacessíveis, os conteúdos não conscientes costumam se manifestar por sonhos, lapsos, atos falhos, esquecimentos; podem influenciar o comportamento e parecem reger a habilidade de produzir ou de vivenciar os fenômenos. Isto é, ainda que de modo involuntário, a partir desses estudiosos, o paranormal seria o responsável pelo que experimenta porque a sua mente inconsciente produziria as suas próprias experiências.[93] [94]

Entre os séculos XIX e XX, época em que despontavam diversas teorias psicológicas no cenário acadêmico e científico, os casos de paranormalidade estavam sendo bastante divulgados na Europa e nos EUA, sobretudo a telepatia, e Sigmund Freud posicionou-se sobre o assunto associando a capacidade sensitiva aos processos mentais inconscientes. Segundo hipóteses de Freud, os indivíduos envolvidos num fenômeno de telepatia permutariam pensamentos, sentimentos, vivências, ou até mesmo confundiriam suas identidades por serem similares, conforme a citação a seguir:

> [...] temos personagens que devem ser considerados idênticos porque parecem semelhantes, iguais. Essa relação é acentuada por processos mentais que saltam de um para outro desses personagens – pelo que chamaríamos de telepatia –, de modo que um possui conhecimento, sentimento e experiência em comum com o outro. Ou é marcada pelo fato de que o sujeito identifica-se com outra pessoa, de tal forma que fica em dúvida sobre quem é o seu eu (self), ou substitui o seu próprio eu (self).

---

[89] MOREIRA-ALMEIDA, Alexander, 2013. *Rev Psiquiatria Clínica*, São Paulo, v.40, n.6, p. 233-40, 2013.

[90] BANERJEE, 1979.

[91] WEISS, Brian L. *A cura através da terapia de vidas passadas*. Rio de Janeiro: Salamandra, 1996.

[92] WOOLGER, 1998.

[93] AMADOU, Robert. *Poder da mente humana – Os grandes médiuns*. São Paulo: Loyola, 1966.

[94] BORGES, 1992.

> E, finalmente, há o retorno constante da mesma coisa – a repetição dos mesmos aspectos, ou características, ou vicissitudes, dos mesmos crimes, ou até dos mesmos nomes, através das diversas gerações que se sucedem.[95]

A teoria desenvolvida por Carl G. Jung associa os fenômenos anomalísticos ao seu conceito de *inconsciente coletivo*, no qual todos os inconscientes individuais estariam interligados por meio do compartilhamento de instintos e arquétipos. Por meio desse processo um indivíduo é capaz de contatar o inconsciente de outras pessoas, sobretudo o daquelas com quem são estabelecidos vínculos afetivos mais fortes, ou com quem existe grande identificação. Entretanto, alguns sujeitos desenvolvem uma capacidade maior para acessar inconscientes de desconhecidos: os médiuns, sensitivos, clarividentes e afins. Cabe pontuar que, para Jung, os paranormais não acessam espíritos, mas complexos psíquicos de seus interlocutores.[96]

Mediunidade designa o intercâmbio entre pessoas encarnadas e espíritos, ou um tipo de manifestação espiritual por meio de um corpo físico que não pertence ao sujeito manifestante. Médium é aquele que possui a faculdade de sentir vibrações sutis que emanam dos seres e, captando tais forças, podem (re)transmiti-las.[97] [98] [99] No Espiritismo, o médium é conceituado por Allan Kardec (1804-1869) da seguinte maneira:

> Todo aquele que sente, num grau qualquer, a influência dos Espíritos é, por esse fato, médium. Essa faculdade é inerente ao homem; não constitui, portanto, um privilégio exclusivo. Por isso mesmo, raras são as pessoas que dela não possuam alguns rudimentos. Pode, pois, dizer-se que todos são, mais ou menos, médiuns. Todavia, usualmente, assim só se qualificam aqueles em quem a faculdade mediúnica se mostra bem caracterizada e se traduz por efeitos patentes, de certa intensidade, o que

---

[95] FREUD, 1919, p. 252 citado por MANZI FILHO, Ronaldo. O índice de um enigma: o inconsciente e o fenômeno da premonição Ronaldo. *Ágora*, Rio de Janeiro, v. XVI, n. 2, p. 251-266, jul./dez. 2013.

[96] MORO, Janaína. Paranormalidade: um mergulho sobre a capacidade da mente. 2013. Disponível em: http://selfterapias.com.br/paranormalidade/. Acesso: 24 out 2019.

[97] BASTOS, Demétrio Pável. *Médium, quem é e quem não é*. Rio de Janeiro: Instituto Maria, 1996.

[98] MARALDI, Everton. *Metamorfoses do espírito*: usos e sentidos das crenças e experiências paranormais na construção da identidade de médiuns espíritas. 2014. Dissertação (Mestrado em Psicologia Social) – Programa de Pós-Graduação em Psicologia, Instituto de Psicologia, USP – Universidade de São Paulo, São Paulo, 2014.

[99] BRITO, Lucas Gonçalves. A vibração dos corpos: notas sobre uma teoria umbandista do intercâmbio mediúnico-energético. *Religião e Sociedade*, Rio de Janeiro, v. 37, n. 3, p. 173-197, 2017.

O CASO DE MONTSERRAT

então depende de uma organização mais ou menos sensitiva. É de notar-se, além disso, que essa faculdade não se revela, da mesma maneira, em todos. Geralmente, os médiuns têm uma aptidão especial para os fenômenos desta ou daquela ordem, donde resulta que formam tantas variedades quantas são as espécies de manifestações. As principais são: a dos médiuns de efeitos físicos; a dos médiuns sensitivos, ou impressionáveis; a dos audientes; a dos videntes; a dos sonambúlicos; a dos curadores; a dos pneumatógrafos; a dos escreventes ou psicógrafos.[100]

Uma investigação divulgada por Borges[101] verificou que certos tipos psicológicos parecem propensos a experiências paranormais, como os extrovertidos, os emotivos, os bem ajustados e os confiantes. Contrariamente, os refratários a essas mesmas experiências seriam os introvertidos, os racionais, os críticos, os desajustados e os desconfiados.

Segundo Gustavo Geley,[102] médium é um ser cujos elementos constitutivos, mentais, dinâmicos, materiais são suscetíveis a um tipo de descentralização momentânea. Além disso, esse sujeito teria potencial para todos os tipos de sensitividade na juventude, mas depois exerceria algumas faculdades e abandonaria outras, quer seja por afinidades pessoais, quer seja por conta da hereditariedade.

Alguns estudos relacionam paranormalidade e comportamento disfuncional. Para Alexandre Aksakof,[103] o sensitivo é um indivíduo no qual o estado de desagregação psicológica ocorre facilmente. Rudolf Tischner[104] expõe que as pessoas com faculdades mediúnicas são geralmente sugestionáveis, mesmo no estado de vigília. Para Charles Richet,[105] os paranormais são mais ou menos neuropáticos, propensos a cefaleias, insônias, dispepsias, porém não são doentes, embora apresentem qualquer desagregação da consciência.

Sobre isso cabe pontuar que sintomas de certos transtornos mentais podem ser confundidos com alguns fenômenos anômalos, e para se distinguir uma coisa de outra é necessária a realização de um diagnóstico

---

[100] KARDEC, 1944, p. 171.

[101] BORGES, 1992.

[102] GELEY, Gustave. *L'Ectoplasmie et la clairvoyance*. Paris: Ed Librairie Félix Alcan, 1924.

[103] AKSAKOF, Alexandre. *Animisme et spiritisme*. Tradução de Berthold Sandow. Paris: Paul Leymarie, 1906. (Librairie des Sciences Psychiques).

[104] TISCHNER, Rudolf. *Introducción a la parapsicologia*, Buenos Aires: Oberon, 1957.

[105] RICHET, Charles. *Traité de métapsychique*. Paris: Alcan, 1922.

diferencial por meio de especialista.[106] Esse diagnóstico é realizado com a formulação de hipótese construída por um profissional da área da saúde mental, relacionada a um grupo de possibilidades associado à sintomatologia apresentada pelo paciente tratado. A partir do diagnóstico diferencial são indicados testes e/ou exames a fim de se obter um diagnóstico final, que confirmará ou não a hipótese inicial.

Seguindo por outro caminho, a psicóloga clínica estadunidense Elaine Aron[107] iniciou estudos em 1991, sobre o que ela intitulou *pessoas altamente sensíveis (PAS)*. Após seis anos, Aron lançou seu primeiro livro, *The highly sensitive person: how to thrive when the world overwhelms you* (A pessoa altamente sensível: como prosperar quando o mundo te dominar), publicado no Brasil pela Editora Gente, com o título *Use a sensibilidade a seu favor: pessoas altamente sensíveis*.

Segundo os estudos da psicóloga, as PAS representam vinte por cento da população mundial, ou seja, somam um bilhão e quatrocentos milhões de indivíduos. As suas características seriam inatas, justificadas por um funcionamento cerebral levemente diferenciado, que resulta numa variação normal de temperamento sem a presença de transtornos mentais.

Algumas das características das pessoas altamente sensíveis são: a introspecção, o comportamento empático, a intuição, a capacidade de captar sensações e emoções do meio externo com intensidade, o talento para uma clara expressão dos sentimentos pessoais, o apreço pela solitude, o altruísmo, o detalhismo, o perfeccionismo, a habilidade para trabalhar em equipe.[108]

Entretanto, as PAS podem ser afetadas pelo que as rodeiam. Isso quer dizer que essas pessoas costumam ser vulneráveis aos fatores do ambiente, como a elevada incidência de luz, os odores fortes, tecidos ásperos, ruídos intensos, pelas cenas de violência, sejam elas reais ou fictícias, presenciais ou virtuais; também pelas pessoas e situações perturbadoras.

Segundo Aron,[109] as PAS, na fase da infância, tendem a ser vistas por seus pais e professores como muito sensíveis, introspectivas e até

---

[106] MENEZES JUNIOR, Adair de; MOREIRA-ALMEIDA, Alexander. O diagnóstico diferencial entre experiências espirituais e transtornos mentais de conteúdo religioso. *Rev. psiquiatria clínica*, São Paulo, v. 36, n. 2, p. 75-82, 2009.

[107] ARON, Elaine N. *Pessoas altamente sensíveis:* use a sensibilidade a seu favor. Caeiras: Gente, 2002.

[108] ESCH, Marie; SALLES Eliane. *Vivendo à flor da pele*. São Paulo: Matrix, 2016. Formato ebook. Disponível em: https://ler.amazon.com.br/?asin=B076ZR1NRX. Acesso: 03 mar 2020.

[109] ARON, 2002.

tímidas, mas a autora interpreta a timidez como aprendida e não como resultado da sua condição. Para ela, em geral, as pessoas altamente sensíveis têm uma vida interior rica e complexa, e elas necessitam de organização e de privacidade em seu cotidiano. Ademais, tais sujeitos são hábeis em observar as sutilezas das outras pessoas e em apreciar aromas, sons, paladares e imagens belas, bem como são amantes de todos os tipos de arte.

As características das PAS podem ser interpretadas de modo positivo ou negativo, dependendo da cultura à qual o indivíduo pertence. No ocidente, como é o caso dos EUA e do Brasil, esse jeito de ser não é valorado, incentivado. Por isso, as pessoas com as mencionadas habilidades podem ser donas de conflitos e de uma autoestima baixa.[110]

A teoria de Aron não associa as PAS à sensitividade. No entanto, no livro *Vivendo à flor da pele*, Marie Esch e Eliane Salles estabelecem tal relação, conforme a citação a seguir:

> No campo espiritual, os altamente sensíveis têm acesso especial ao "mundo invisível". A maioria tem esse dom desde a infância. Veem além do mundo material e sentem uma "saudade" de Deus que não pode ser satisfeita por bens materiais. Pensam de um jeito muito profundo sobre o significado da vida e buscam em várias religiões as respostas às suas questões.[111]

Sobre o assunto, seria relevante o desenvolvimento de pesquisas científicas para ser verificado se existe relação entre as pessoas altamente sensíveis e as habilidades paranormais. Seriam igualmente relevantes investigações atuais a respeito do tema paranormalidade e sua associação com a genética, com o ambiente, com sinapses diferenciadas, com a EQM e demais.

LIGANDO AS PONTAS: CIÊNCIA E ESPIRITUALIDADE

As experiências paranormais emergem de estados anômalos de consciência que incluem situações em que a relação mente-corpo se mostra diferente da habitual, uma vez que essas experiências representam uma comunicação desprovida dos processos sensórios reconhecidos

---

[110] ESCH, 2016.
[111] ESCH, 2016.

na atualidade e podem englobar movimentos físicos na ausência de processos físicos reconhecidos.[112]

Os conhecimentos científicos atuais se apoiam na lógica do monismo materialista para explicar os fenômenos da consciência e da personalidade, os quais são reduzidos a produtos do funcionamento cerebral em sua interação com o ambiente e estes desapareceriam com a morte. Nessa perspectiva, os fenômenos paranormais que prescindem do corpo físico e o contato com pessoas falecidas não seriam possíveis.[113]

Entretanto, grande parte das tradições religiosas e espirituais concebe a noção de ser humano composto, também por uma parte imaterial que sobrevive à morte, o que costuma ser aceito por muitas pessoas do mundo todo, criando uma dicotomia com a lógica anterior: a científica.

Buscando resolver tal cisão, o parapsicólogo indiano Banerjee[114] se debruçou sobre seus mais de dois mil casos de lembranças de vidas passadas pesquisados para desenvolver a teoria da Memória Extracerebral (MEC), que é uma modalidade especial de personificação subjetiva, por meio da qual o sensitivo se identifica com uma personalidade falecida, entendendo ter sido ela em vida pretérita e, sob essa condição, apresenta fenômenos de Psi-Gama, como a palingenesia.

Embora a personificação subjetiva resulte de um processo de dissociação da personalidade, como ocorre com o fenômeno das personalidades múltiplas, os dois processos se distinguem por conta do conteúdo anômalo que ocorre apenas com as memórias de vidas passadas.[115]

O médico brasileiro Décio Iandoli Júnior[116] ressalta o quanto o paradigma materialista estabelecido na ciência praticada nos dias de hoje tem avançado por um lado e, por outro, tem se mostrado incapaz de responder questões primordiais e básicas acerca das experiências humanas, conforme elucida a citação a seguir:

> A grande notícia que salta aos olhos da comunidade científica é que, apesar de já conhecermos e entendermos com muita intimidade a matéria e suas relações causais, o que foi reforçado com o projeto genoma, não

---

[112] ALVARADO, 2013.

[113] KELLY *et al.* citados por MOREIRA-ALMEIDA, 2009.

[114] BANERJEE, 1979.

[115] STEVENSON, 1970.

[116] IANDOLI Jr., Décio. Palingenesia: a imortalidade da alma. *In:* SALGADO, Mauro Ivan; FREIRE, Gilson. *Saúde e espiritualidade:* uma nova visão da medicina. Belo Horizonte: Inede, 2008.

restam horizontes possíveis para responder a esses questionamentos mais primitivos. Isso porque já é evidente o esgotamento do paradigma materialista, profetizado por Albert Einstein quando afirmou que "O materialismo vai terminar por falta de matéria", coisa que forçará os estudiosos e a humanidade ao avanço sobre o universo das ideias e possibilidades.[117]

Como meio de responder perguntas essenciais, ainda em aberto sobre a existência humana, o pesquisador propõe a admissão de um *metassistema*. A proposta do metassistema contempla uma análise do conhecimento científico já estabelecido de modo que evidencie a hipótese espiritualista, com base no princípio inteligente. Esse é o elemento que parece faltar ao conhecimento científico, o qual daria consistência ao que já foi alcançado.

O autor se refere àquilo que se altera com a experiência e em sua relação com o meio: aprenderá e, consequentemente, produzirá, em uma nova organização corporal, as mutações genéticas que serão novas tentativas colocadas à prova, promovendo uma reação inteligente e, portanto, intencional de adaptação ao meio. De maneira mais ou menos direta, estaria evocando a palingenesia como lei biológica, ou, pelo menos, como hipótese científica válida.

Segundo Iandoli Jr.,[118] há motivos espirituais e científicos que suscitam à admissão do *metassistema*, como: a EQM, as lembranças de vidas passadas, as malformações congênitas e as marcas de nascença, que estariam relacionadas à reencarnação.[119]

A Experiência de Quase Morte (EQM) foi tratada cientificamente pela primeira vez em 1975, por Moody Jr., no livro *Vida após a vida*,[120] gerando muita resistência e críticas do meio científico. Atualmente, o tema já é visto pela medicina como um fenômeno biológico que pede estudos mais aprofundados para entendimento de seus mecanismos fisiológicos, incidência e fatores determinantes, os quais vêm sendo realizados por alguns pesquisadores e têm trazido questionamentos muito importantes acerca da localização da consciência e da memória, conforme segue:

---

[117] IANDOLI Jr., 2008, p. 235.

[118] IANDOLI Jr., 2008.

[119] STEVENSON, Ian. *Reincarnation and biology:* a contribution to the etiology of birthmarks and birth defects. New York: Praeger, 1997.

[120] MOODY, Raymond Jr. *Vida depois da vida*. São Paulo: Nórdica, 1975.

> A constatação de que alguns indivíduos com cérebros inativos foram capazes de relembrar fatos ocorridos durante o período de morte clínica, evidencia a existência da consciência e da memória extracerebrais. Reforça-se, assim, o conceito da dualidade cérebro-mente e estabelece o dilema biológico do metassistema, que existe independentemente do cérebro ou do corpo físico. Metassistema que, se foi capaz de associar-se a um organismo uma vez, deveria poder fazê-lo de novo em um segundo tempo, caracterizando uma lei biológica que começa a ser entendida: a palingenesia ou reencarnação.[121]

Segundo o pesquisador, quando existe uma correspondência entre marcas de nascença e lesões que levaram à morte da personalidade anterior associadas às lembranças, fica ainda mais difícil encontrar qualquer explicação plausível que não o da reencarnação, já que tais ocorrências são evidências objetivas que não dependem da memória dos informantes.

A medicina explica apenas menos de cinquenta e sete por cento dos casos de marcas e malformações; o restante se mantém sem justificativa, fazendo com que os especialistas no assunto sejam obrigados a admitir uma etiologia multifatorial que, muitas vezes, apontam para casos absolutamente desconhecidos. As marcas de nascença são muito comuns nas pessoas (estudos mostram que um adulto normal possui, em média, quinze delas no corpo) e pela falta de importância clínico-funcional, as explicações para elas são ainda mais raras e inconsistentes.

Ian Stevenson[122] [123] também associava as marcas de nascença aos seus estudos sobre evidências da reencarnação, no momento em que as correlacionava com as lesões descritas em laudos necroscópicos como tendo sido a causa da morte que estava sendo investigada, e muitas delas foram registradas em fotografias.

Quanto à incidência e contexto dos fenômenos anômalos, segundo Stevenson[124] e Maraldi *et al.*,[125] as crenças e experiências sensitivas sempre foram relatadas por pessoas de variadas nacionalidades, e agora tem havido um aumento a respeito das crenças paranormais:

---

[121] IANDOLI Jr., 2008, p. 242.

[122] STEVENSON, 1997.

[123] STEVENSON, 2012.

[124] STEVENSON, 2007.

[125] MARALDI, Everton; ZANGARI, Wellington; MACHADO, Fátima. Psicologia das crenças paranormais: uma revisão crítica. *Boletim Academia Paulista de Psicologia*, v. 31, n. 81, p. 394-421, 2011.

> [...] as pesquisas de opinião pública revelam um aumento cada vez maior na incidência de alegações envolvendo fenômenos paranormais. Estima-se, com base em pesquisas de opinião pública, que mais de 70% da população estadunidense adota algum tipo de crença paranormal (MOORE, 2005). A situação norte-americana, contudo, não difere substancialmente da Grã-Bretanha que já conta com cerca de 60% da população acolhendo diversas crenças paranormais (ABC SCIENCE ONLINE, 2006). Algo parecido se pode dizer de crenças específicas como a crença na mediunidade. Segundo uma pesquisa de opinião norte-americana, mais de 30% da população afirmou acreditar na existência de habilidades mediúnicas genuínas (NEWPORT; STRAUSBERG, 2001). Lewgoy (2008) também aponta, nesse sentido, a grande expansão recente do Espiritismo kardecista em território estadunidense.[126]

Quanto à vivência de eventos paranormais, tem sido verificada uma alta incidência de relatos no Brasil. Por exemplo, numa das poucas pesquisas sobre crença paranormal com estudantes universitários brasileiros, Zangari e Machado[127] identificaram que quase noventa por cento dos respondentes relataram que tinham passado por algum tipo de experiência parapsicológica. Numa ampliação posterior dessa pesquisa, um estudo de Machado,[128] com amostra de trezentos e seis respondentes, cujas idades variaram entre dezoito e sessenta e seis anos, provenientes dos mais diversos contextos, constatou-se que oitenta e três por cento dos participantes alegaram que já tinham vivenciado pelo menos uma experiência paranormal do tipo extra-sensório-motora.

As pessoas que passam pelas experiências paranormais geralmente atribuem veridicidade e autenticidade inquestionáveis aos seus relatos. Elas "afirmam realmente vivenciar uma realidade paranormal, o que implica uma correspondência praticamente exata entre aquilo que pensam e sentem sobre o fenômeno e o fenômeno em si".[129]

Este capítulo abordou os fenômenos anômalos ou paranormais quanto à definição, classificação, histórico, agente e associação com a ciência. A próxima parte apresentará uma discussão sobre as lembranças de vidas passadas, que é o tema central deste livro.

---

[126] MARALDI, 2011, p. 395.

[127] ZANGARI, Wellington, MACHADO, Fatima Regina. Incidencia y importancia social de las experiencias psíquicas en los estudiantes universitarios brasileños. *Revista Argentina de Psicologia Paranormal*, 19-35, 1996.

[128] MACHADO, 2009.

[129] MARALDI; ZANGARI; MACHADO, 2011, p. 395.

Caro leitor, esta obra idealizou seguir dois estilos de escrita: o teórico e a narrativa. Os dois capítulos iniciais de "O caso de Montserrat" têm um caráter puramente teórico-científico, indispensável para a ampliação e o aprofundamento dos conhecimentos sobre o tema fenômenos paranormais ou anomalísticos.

A partir da terceira parte o texto ganha uma configuração de narrativa, apresentando relatos de minhas vivências sensitivas e da história de uma vida passada em Montserrat, na Catalunha, revelada em três etapas regressivas. Essa experiência, ocorrida ao longo de vinte anos, levou-me a uma ampla compreensão pessoal no que se refere à personalidade, limites e virtudes. Sobretudo, experimentar a regressão incitou a ampliar os horizontes da visão, a trilhar no difícil trabalho da compaixão, a permitir-me sentir o amor sem condições.

Caso você aprecie o estilo de escrita teórico-científica, sugiro que passe para a próxima parte. Entretanto, se lhe parecer mais aprazível conhecer o enredo narrado, será conveniente pular a parte dois e retomar a leitura no terceiro capítulo. Após a conclusão – Palavras finais – será possível retornar ao capítulo teórico sobre lembrança de vidas passadas, já que este livro foi estruturado de forma a não haver prejuízo na compreensão do texto se o caminho percorrido for um ou outro.

2

PALINGENESIA: AS LEMBRANÇAS DE VIDAS PASSADAS

Os casos de palingenesia têm sido relatados desde a Antiguidade, mas o assunto começou a ser investigado recentemente. Os primeiros estudos foram desenvolvidos por Albert De Rochas, do Instituto Politécnico de Paris, e ocorreram na passagem do século XIX para o XX, quando era usada a hipnose como método de regressão de memória. Com essas pesquisas foram identificados sujeitos de diversas faixas etárias com lembranças pregressas, e alguns, inclusive, possuíam essas memórias desde a infância.[130]

Na revisão bibliográfica realizada sobre as lembranças de vidas passadas elegi seis nomes principais que me foram bastante representativos na escrita deste livro, tais como: Ian Stevenson;[131] [132] [133] [134] [135] [136] [137] [138] [139] [140]

---

[130] DE ROCHAS, Albert. *As vidas sucessivas*. Paris: Lachatre, 1911.

[131] STEVENSON, Ian. The evidence for survival from claimed memories of former incarnations. *J. Am. Soc. Psychical Res.*, v. 54, 1960.

[132] STEVENSON, Ian. Cultural patterns in cases suggestive of reincarnation among the Tlingit Indians of southeastern Alaska. *J. Am. Soc. Psychical Res.*, v. 60, 1966.

[133] STEVENSON, Ian. *Cases of the reincarnation type. Ten cases in India*. v. 1. Charlottesville: University Press of Virginia, 1975.

[134] STEVENSON, Ian. *Cases of the reincarnation type. Ten cases in Sri Lanka*. v. 2. Charlottesville: University Press of Virginia, 1977.

[135] STEVENSON, Ian. *Cases of the reincarnation type. Twelve cases in Tailand and Burma*. v. 4. Charlottesville: University Press of Virginia, 1983.

[136] STEVENSON, 1983.

[137] STEVENSON, Ian. Characteristics of cases of the reincarnation type among the Igbo of Nigeria. *J. Asian and African Studies*, v. 21, 1986.

[138] STEVENSON, Ian. Phobias in children who claim to remember previous lives. *J. Sci. Expl.*, v. 4, n. 2, 1990.

[139] STEVENSON, I. The phenomenon of claimed memories of previous lives: possible interpretations and importance. *Medical Hypotheses*, v. 54, n. 4, p. 652-659, 2000.

[140] STEVENSON, Ian. *Crianças que se lembram de vidas passadas*. São Paulo: Vida e Consciência, 2012.

Hemendra Banerjee;[141] Carol Bowman;[142] Jim B. Tucker;[143] [144] Brian Weiss[145] [146] [147] [148] e Roger J. Woolger.[149] Por conta da consistência das investigações e das suas contribuições para a ampliação do meu conhecimento (que se restringia às minhas próprias experiências), este capítulo terá como alicerces os seis autores.

IAN PRETTYMAN STEVENSON

Ian Stevenson (1918-2007) foi um notório médico psiquiatra canadense que atuou como diretor do Departamento de Neurologia e Psiquiatria da Faculdade de Medicina da Universidade da Virgínia, nos EUA, onde esteve lotado no período de 1957 a 2002. Sua linha de pesquisa abordava temas como: reencarnação, incluindo a memória infantil quanto à vida passada; a experiência de quase morte; aparições ou visões no leito de morte; xenoglossia; a relação mente-cérebro e a continuidade da personalidade após a morte, sendo o seu nome um dos mais emblemáticos entre os pesquisadores da paranormalidade e de suas vertentes, sobretudo, da palingenesia.

Seus estudos foram desenvolvidos seguindo uma metodologia científica criteriosa, na qual eram coletados todos os possíveis dados circunscritos ao caso por meio de entrevistas e registros de depoimentos de sujeitos que afirmavam recordar de uma vida pregressa, sendo o mesmo procedimento feito com outros envolvidos na memória. A pesquisa investigava os relatos, buscava os locais e os personagens mencionados, analisava sinais de nascença, a xenoglossia, realizava pesquisa documental, tudo na intenção de confirmar ou refutar os dados.[150]

---

[141] BANERJEE, 1979.

[142] BOWMAN, Carol. *O amor me trouxe de volta:* histórias emocionantes sobre reencarnação em família. Rio de Janeiro: Sextante, 2005.

[143] TURKER, Jim B. *Vida depois da vida:* uma pesquisa científica das lembranças que as crianças têm de vidas passadas. São Paulo: Pensamento, 2007.

[144] TURKER, Jim B. *Return to life:* extraordinary cases of children who remember past lives. Ebook. New York: St. Martin's Griffin, 2015.

[145] WEISS, Brian L. *Muitas vidas, muitos mestres*. Portugal: Pergaminho, 1998.

[146] WEISS, Brian L. *Só o amor é real*. Rio de Janeiro: Sextanti, 1996.

[147] WEISS, Brian L. *A cura através da terapia de vidas passadas*. Rio de Janeiro: Salamandra, 1998.

[148] WEISS, Brian L. *A divina sabedoria dos mestres:* um guia para a felicidade, alegria e paz interior. Rio de Janeiro: Sextante, 1999.

[149] WOOLGER, 1998.

[150] STEVENSON, 1970.

Para que um caso de lembranças de vidas anteriores seja validado, o pesquisador deve verificar e refutar algumas hipóteses preliminarmente.[151] São elas:

1. As memórias podem ser fantasias criadas pelo indivíduo com base em necessidades psicológicas e em seu contexto sociocultural.

2. As recordações podem ser tanto sobre fatos corriqueiros, que poderiam se encaixar na vida de qualquer pessoa, quanto sobre fatos específicos, mas sobre os quais quase não se consegue encontrar registros. Mesmo quando indícios de real paridade são localizados, há que se considerar outras possibilidades.

3. Descartada a hipótese de fraude, pode-se estar diante de um caso de criptomnésia: quando o indivíduo teve acesso, por vias normais, àquelas informações, mas não se lembra conscientemente e, sob determinadas circunstâncias, as recordações retornariam na forma de personificação ou dramatização.

4. A memória genética ou cromossômica, que explica o fenômeno por meio da memória genética, ou seja, o sujeito seria capaz de liberar uma memória gravada em seus cromossomos, que teria origem na vivência de seus ancestrais.

5. Teoria da liberação de recalques, pautada na psicanálise, que compreende a memória de *outra vida* como o resultado da emersão de projetos e desejos recalcados do e pelo sujeito relacionado à vida presente.

6. Teoria reencarnatória, que compreende o fenômeno da memória de vidas passadas como uma real reprodução de outra vida, obtida por meio da percepção extrassensorial, via telepatia ou clarividência, ou a real sobrevivência da personalidade.

Provavelmente, apenas uma hipótese não é capaz de abarcar a complexidade do fenômeno, pois todas elas precisam ser consideradas na investigação de um caso. Por outro lado, acima de tudo, cada relato

---

[151] BESSAS, Alex. Memórias de vidas passadas são tema de estudo. *In:* BESSAS, Alex. *O tempo*. 2019. Disponível em: https://www.otempo.com.br/super-noticia/tr%C3%A2nsito/memorias-de-vidas-passadas--sao-tema-de-estudo-1.2193379. Acesso em: 20 ag. 2019.

precisa ser acolhido de forma empática e respeitosa, já que se trata da experiência de uma pessoa e para ela tem enorme importância.[152]

Ian Stevenson estreitou laços com as pesquisas psíquicas no ano de 1958, ao inscrever um trabalho seu e vencer uma competição de ensaios sobre *Fenômenos paranormais e vida após a morte*, promovida pela organização parapsicológica American Society for Psychical Research, em homenagem a um dos pioneiros da área: o médico e psicólogo William James (1842-1910).

Em 1960, um estudo de casos sugestivos de reencarnação foi publicado por Stevenson, com destaque para a história da Sra. Weisz-Roos, que fora conduzida pelo próprio psiquiatra. No material ele exprimiu a esperança de que

> [...] o estudo de casos posteriores ao da Sra. Weisz-Roos poderia contribuir para o conhecimento da pesquisa psíquica relacionada com a sobrevivência da personalidade humana à morte física. Desde então tenho tido a oportunidade de estudar, sozinho e com colegas, muitos casos de pessoas que afirmam lembrar-se de uma vida anterior. [...] Em minha discussão, ao final do livro, sustento que alguns dos casos fazem muito mais do que sugerir a reencarnação; parecem-me fornecer uma considerável evidência da mesma.[153]

O nome Weizs-Roos refere-se à artista plástica holandesa Henriette Roos, que pintava telas, algumas vezes por influência do espírito do pintor espanhol Francisco Goya. Stevenson analisou o seu caso de reencarnação, descobrindo que ela havia sido Rosario Weizs, que viveu no sul da França e morreu em 1840, sessenta e três anos antes de voltar a nascer como Henriette. A ilustração da capa do livro de Ian Stevenson chamado *Casos europeus de reencarnação*[154] *é uma das pinturas de Weizs-Roos.*

As investigações que o médico realizou ao redor do mundo durante mais de quatro décadas foram registradas em duas centenas de artigos e em diversos livros que abordaram temas como: impressões telepáticas; xenoglossia; casos sugestivos de reencarnação na Índia, no Sri Lanka, no Líbano, na Turquia, na Tailândia, em Burma, no Brasil, na Europa;

---

[152] MOREIRA-ALMEIDA citado por BESSAS, 2019.

[153] STEVENSON, 1970, p. 282.

[154] STEVENSON, 2003.

O CASO DE MONTSERRAT

crianças que se lembram de vidas passadas; reencarnação e sua associação com a biologia: etiologia das marcas, os defeitos de nascença e outras anomalias. A seguir será apresentada uma história extraída do livro *Vinte casos sugestivos de reencarnação*.[155]

Uma menina chamada Guanatilleka Baddewithana nasceu perto de Hedunawewa, no Ceilão Central, em quatorze de fevereiro de 1956. Com um ano de idade ela começou a falar sobre outro pai e outra mãe, mas somente aos dois anos fez referência a uma vida passada. Disse, então, que tinha pai e mãe em outro lugar, bem como possuía dois irmãos e várias irmãs. A princípio, a garota não forneceu a localização da sua outra vida, o que aconteceu quando da visita de alguns aldeões a sua casa, no momento em que os mesmos citaram o lugar de onde vinham. Ao ouvir o nome Talawakele, Gnanatilleka disse que seu pai e sua mãe lá moravam. Disse, também, que queria ir visitá-los. Forneceu dados sobre a sua localização e nomes dos seus familiares.

As notícias sobre as declarações da menina chegaram ao ouvido de pessoas influentes numa cidade de nome Kandy, que conseguiram localizar a família citada pela criança, em Talawakele. Tais pessoas verificaram que a família mencionada havia perdido um filho com doze anos, chamado Tillekeratne, em nove de novembro de 1954. No ano de 1960, a família de Gnanatilleka levou-a a Talawakele e lá a menina reconheceu corretamente vários edifícios da cidade. Ela dirigiu o grupo a uma casa que estava em demolição, local onde havia morado na vida anterior; seus entes do passado haviam se mudado logo após a morte do filho. Assim, as duas famílias não se encontraram daquela vez.

Tillekeratne, a suposta vida anterior da menina, estudava no Sri Pada College, em Hatton, que fica a doze milhas de Talawakele. De lá, três professores que souberam das declarações da garota resolveram ir visitá-la em Hedunawewa. Não só a menina os reconheceu, como contou fatos que ocorreram no período em que esteve na escola como menino. Em 1961, Gnanatilleka retornou a Talawakele, onde esteve com as pessoas de Kandy. Lá, vários parentes e conhecidos do menino morto foram levados à presença de Gnanatilleka, que reconheceu sete membros da família e mais dois da comunidade. No mesmo ano, Ian Stevenson contatou a menina.

---

[155] STEVENSON, 1970, p. 130.

Talawakele e Hedunawewa situam-se no Ceilão Central, no Sri Lanka. Há uma distância de dezesseis milhas entre as cidades, quase vinte e seis quilômetros, sendo que a primeira fica numa região montanhosa e a segunda num profundo vale. Por esse motivo, o clima e a vegetação variam muito de um lugar para outro, e as estradas que ligam os dois locais são bastante precárias.

Tanto os familiares de Tillekeratne quanto os parentes de Gnanatilleka declararam que não se conheciam e que não frequentavam as cidades natais do outro grupo antes de acontecer o primeiro contato; quer dizer, não havia meios de eles terem fornecido dados do menino morto para a menina que afirmava ser a sua reencarnação. Além disso, segundo os seus pais, a garota não havia recebido nenhuma visita que pudesse ter lhe passado informações sobre Tillekeratne, coisa que poderia induzir o seu comportamento.

Com base nas declarações da menina Gnanatilleka, nas entrevistas realizadas com diversas pessoas envolvidas no caso e que integravam as duas partes – da garota, do menino que teria sido sua personalidade anterior –, e nas investigações detalhadas de Ian Stevenson, o mesmo concluiu que Gnanatilleka "deve ter obtido, através de algum meio paranormal, a informação detalhada que possuía sobre Tillekeratne, sua família e sua vida".[156]

Ian Stevenson (2007) nunca confirmou a existência de vidas passadas, pois em seus estudos limitava-se a concluir que o caso "sugeria reencarnação"; também, que a pessoa que possui a lembrança de vida anterior a teve através de "algum meio paranormal".[157] Apesar de parecer não querer se comprometer com a questão, ele dá indícios de refletir sobre a realidade das múltiplas vidas num artigo escrito no mesmo ano do seu falecimento, em que expõe o seguinte: "Minhas viagens físicas terminaram agora, pelo menos por esta vida".[158] Logo em seguida, no mesmo trabalho, o autor expõe uma reflexão que passou a fazer com base em seus estudos acerca da relação entre doenças clínicas e vidas passadas:

> Todos nós morremos de algum tipo de sofrimento. O que determina a natureza desse sofrimento? Eu acredito

---

[156] STEVENSON, 1970, p. 132.
[157] STEVENSON, 1970, p. 132.
[158] STEVENSON, 2007, p. 155.

que a busca da resposta pode nos levar a pensar que a natureza de nossas doenças pode derivar, pelo menos em parte, de vidas passadas. Os casos de crianças que afirmam se lembrar de vidas passadas e que têm relatado marcas de nascença e defeitos congênitos sugerem isso; algumas dessas crianças relatam doenças clínicas. Minha própria condição física, defeitos em meus brônquios (desde a tenra infância), sobre a qual eu escrevi separadamente (Stevenson, 1952a, 1952b), forneceu-me um interesse pessoal sobre essa pergunta importante. Não deixem ninguém pensar que eu sei a resposta. Eu ainda a estou buscando.[159]

Stevenson teve a infância e a adolescência limitadas pela saúde debilitada, o que o levou a passar muito tempo preso a uma cama e a ter que desenvolver seus estudos em domicílio porque sofria com *defeitos em seus brônquios*. Estes lhe causaram danos até o último de seus dias, já que sua *causa mortis* foi uma pneumonia.

HEMENDRA NATH BANERJEE

Outro nome bastante representativo no âmbito das investigações sobre o fenômeno da reencarnação e palingenesia foi o do parapsicólogo indiano Hemendra Banerjee (1929-1985), professor de filosofia e de religião, que integrou como docente e diretor o Departamento de Parapsicologia da Universidade de Rajasthan, Jaipur, na Índia.

Banerjee, que se dizia profundamente influenciado pelas ciências materialistas e aplicadas, caracterizava a si próprio como uma pessoa cética. Mas no contato com evidências relacionadas à reencarnação, passou a refletir e a se interessar pelas investigações científicas dos casos de vidas passadas, que o levou a conclusões que apontam para a sugestão da existência da reencarnação e da palingenesia.

Com base nessas pesquisas, Banerjee ministrou diversas palestras, publicou livros, artigos científicos e matérias em jornais, sendo que a sua obra mais significativa é a de título *Vida pretérita e futura: vinte e cinco anos de estudos sobre a reencarnação*, lançada em l979.

Segundo o estudioso, foi um desafio tornar-se um pesquisador de casos de vidas passadas, pois especialistas que se dedicam a investigar

---

[159] STEVENSON, 2007, p. 155.

o tema têm sido considerados charlatões e seus estudos classificados como de efêmero valor. Entretanto, após estudar mais de mil e cem casos de diversas partes do mundo e fazer várias publicações, as críticas se arrefeceram e a comunidade científica passou a reconhecer seu trabalho.

De acordo com seus achados, há muitas pessoas em inúmeras partes do mundo que são dotadas de memórias diferentes da maioria e, por isso, não poderiam ser adquiridas pelas vias comuns, como através dos meios de comunicação de massa, por exemplo. Banerjee[160] nomeia o fenômeno das lembranças de vidas passadas de *memória extracerebral*, porque essas parecem existir independentemente do cérebro, o que se contrapõe ao fato que, até o momento presente, o órgão é tido como principal repositório da memória e, para a ciência, ninguém é capaz de lembrar aquilo que não aprendeu.

Para Banerjee,[161] o fenômeno das várias vidas é inerente à experiência humana e não crença de religiões específicas. Assim, encontrar evidências contra ou a favor da reencarnação é relevante para que as pessoas possam pensar e decidir por si próprias sobre a questão.

Numa entrevista concedida ao Senac, de São Paulo, em dezenove de novembro de 1981, encontrada no Youtube,[162] Banerjee expôs que dez anos antes ele não estava totalmente convicto sobre a realidade das vidas passadas, mas que naquela data não tinha temor de afirmar que a reencarnação é um fato, baseado em décadas de casos investigados com seriedade, abertos à comunidade. Para o pesquisador, "depois de mais de vinte e cinco anos de viagens e investigações de âmbito mundial, estou inteiramente convencido de que há certo aspecto da personalidade humana – mente, espírito, deem-lhe o nome que quiserem – que sobrevive à morte física".[163]

Cito, a seguir, um caso de palingenesia relatado na mencionada entrevista:

Banerjee apresentou um caso ocorrido em Oklahoma, EUA, cidade que demonstrou ser tradicional e avessa a temáticas reencarnacionistas na época de sua investigação. A equipe estudou o rapaz Jeremy, que

---

[160] BANERJEE, 1979.

[161] BANERJEE, 1979.

[162] BANERJEE, Hemendra. *Ciclo de estudos de vidas passadas*. 1981. Disponível em: www.youtube.com/watch?v=vTuueNc_a3o. Acesso: 30.ago.2015.

[163] BANERJEE, 1979, p. 177.

afirmava ter sido seu tio Jimmy Howser, que viveu numa cidade de nome Vakima, vindo a morrer quando menino, em consequência de um acidente automobilístico no ano de 1967.

Jeremy vivia em Oklahoma e nunca tinha estado em Vakima, mas como mencionava o lugar, ele foi levado até lá pelos pesquisadores. Chegando a Vakima, Jeremy mostrou o caminho que levava a um determinado lugar que ele pretendia ir. Era um domingo e tudo estava fechado, a rua principal estava deserta. Quando se aproximaram de uma loja, Jeremy disse: "Por favor, pare aqui". Ele queria entrar na loja. Soube-se depois que a mãe de Jimmy Howser trabalhava no local. Em seguida, o menino apontou para uma barbearia e, posteriormente, foi sabido que o pai de Jimmy era proprietário do estabelecimento.

Jeremy seria levado até o local do acidente que matou Jimmy. Como os pesquisadores não sabiam qual era o lugar exato, recorreram a uma Delegacia de Polícia da cidade, onde foram fornecidos os dados de um senhor de nome Bob, que era a principal testemunha do desastre. Bob acompanhou o grupo, levando-o ao ponto exato da tragédia e, tão logo chegaram, o garoto saiu do carro e passou a reviver o acidente, conforme elucida a citação:

> Ele começou a chorar, a rolar no chão, descrevendo como tudo tinha acontecido: como ele foi atingido pelo carro, caiu e rolou. Conseguimos fotografias do acidente e as mesmas retratavam os fatos demonstrados, com exatidão. Bob, que não cria em reencarnação, exclamou: *Meu Deus! Como ele sabe exatamente como aconteceu o acidente? As pessoas afirmam que a reencarnação não é real. Agora, vejam o garoto. Enquanto explicava o acidente, começou a rolar no chão.*[164]

Ainda que os fatos evidenciassem o caso de palingenesia de Jeremy, outros dados continuaram a ser coletados, e um deles foi o contato com uma antiga colega de classe de Jimmy, que agora é professora na escola onde ambos estudaram. Banerjee pediu a ela que levasse vinte fotos, sendo que quinze deveriam conter imagens de pessoas vivas, com a idade que Jimmy Howser tinha quando faleceu, e outras cinco deveriam ser de amigos dele.

A professora e o diretor da instituição de ensino inseriram as fotos num envelope e o lacraram, tendo sido aberto por um representante

---

[164] BANERJEE, 1981.

do jornal *Time de Oklahoma*. As fotos foram colocadas na frente de Jeremy, que escolheu duas das cinco imagens de amigos seus em vida passada, chegando a mencionar o nome correto de um deles, o que revela um percentual estatístico de dois para cinco, que é altamente expressivo e dificilmente aponta uma casualidade.

Segundo análises de Banerjee à luz da psicologia convencional, se não pode haver lembrança sem ter existido conhecimento prévio, como Jeremy se lembrou da loja, da barbearia, do local e dos detalhes do acidente, bem como dos dois amigos das fotos?

As possíveis respostas para tais questões são: todas as pessoas envolvidas na investigação fraudaram a história e fraudar situações de vidas passadas não vale a pena, pois se ganha muito pouco para trabalhar com o assunto. Outra possibilidade é que o garoto já possuía informações prévias. Sua família não teria motivo para inventar e divulgar essa história. Por fim, trata-se de um caso de palingenesia.[165]

Outro caso investigado por Hemendra Banerjee[166] foi o de Alan Lee, morador de Baltimore, Maryland, descendente de uma família rica da Filadélfia, Pensilvânia, ambos nos EUA. O sujeito revelou dezesseis vidas quando foi submetido a uma regressão pré-natal hipnótica e costumava passar, com frequência, de uma existência a outra. Ele foi estudado nos meses de abril e de junho de 1978, seguindo-se o método de observação, de entrevistas com médicos e linguistas, com todas as testemunhas iniciais envolvidas no caso, sendo elas ouvidas.

Exames de eletroencefalograma revelaram que os modelos de ondas cerebrais de Lee se modificavam na mesma medida em que ele passava por cada uma das suas vidas. Também, em estado de transe, ele era capaz de falar e de escrever nas línguas dos tempos em que afirmava ter vivido: grego antigo, hebreu, latim, italiano, franco-normando, inglês arcaico e em um idioma que dizia ter sido de Atlântida, ou seja, Alan Lee vivenciava o fenômeno da xenoglossia.

As pesquisas indicaram que Lee tinha as memórias e as habilidades relacionadas a três personalidades principais. Além dessas, ele mencionava outras treze vidas, que eram menos presentes e todas foram submetidas à comprovação. As três personalidades centrais que emergiram com frequência nas sessões com Banerjee foram as seguintes: Rudolfo Guglielmi,

---

[165] BANERJEE, 1981.
[166] BANERJEE, 1979.

cujo nome artístico era Rudolfo Valentino (1895-1926); o legendário ídolo italiano do cinema mudo, Leo Vincey (1761-1788); um jovem inglês de Southampton; e Kallikrates (369 a.C-344 a.C.), o último faraó da 30ª Dinastia antes de o Egito ser derrotado por Artaxerxes, da Pérsia.

As outras treze personalidades foram: Jamie Brewster, da Atlântida (1847-1863); um índio americano da tribo Tciloki, de nome Sequoya (sem data identificada); um duque da Normandia chamado Guillaume (1027-1087); um imperador de Roma de nome Valentinianus (321-375); o general grego Apollodorus Delphus Vindictus (sem data identificada); um escravo hebreu da época de Jesus, de nome Yosephus (sem data identificada); o médico do Faraó Amenhotep, de nome Senewe (1404 a.C.-1321 a.C.); Adonna, nascida na cidade de Tashone, em Atlanta (sem data identificada); Manameter, nascido na cidade de Meliat-Ascers, em Atlantis (sem data identificada); Agonorus, filho de Agonor, nascido na aldeia de Adeve, em Mu (sem data identificada); Agon, pai de Agonor, nascido na aldeia de Adeve, em Mu (sem data identificada); um ciclope que era inteligente e semelhante a um macaco, viveu em Godah e se chamava Andanee (sem data identificada); e, por fim, Noran, de Uranus (sem data identificada).

CAROL BOWMAN

A terceira estudiosa contemporânea dos temas reencarnação e palingenesia, que muito embasou minhas pesquisas bibliográficas nesta etapa da redação, foi Carol Bowman (EUA, 14 out.1950), cujo trabalho se restringe a crianças bem pequenas, de até cinco anos. O interesse pelo assunto despertou por causa dos relatos de seus filhos, na infância, relacionados às memórias pretéritas, levando Bowman a se aproximar profissionalmente de Ian Stevenson.

Hoje ela vive na Filadélfia, EUA, e possui dois livros publicados. O primeiro deles, *Crianças e suas vidas passadas: como as memórias de vidas passadas afetam sua criança*,[167] gerou muitos contatos de pessoas que tinham filhos que verbalizavam sobre situações de lembranças pré-natal. O *feedback* voltado a sua obra forneceu contribuições relevantes, que geraram o segundo livro, cujo título é *O amor me trouxe de volta: histórias emocionantes sobre reencarnação em família*.[168]

---

[167] BOWMAN, 1999.
[168] BOWMAN, 2005.

De acordo com as investigações de Bowman,[169] quando as crianças se lembram de vidas passadas, elas costumam descrever os acontecimentos envolvendo sua morte mais recente, com riqueza de detalhes, principalmente se foi traumática. Além disso, em geral, percebe-se que quando uma criança fala de uma vida anterior, seu tom de voz se torna sério, firme, sem a cadência característica expressada nas situações que envolvem fantasia. Seu semblante adquire serenidade, quase como o jeito de um adulto.

Ao contrário do que acontece nas circunstâncias fantasísticas, os detalhes dessas histórias ganham consistência com o passar do tempo. À medida que o vocabulário da criança aumenta, a essência do que relata permanece a mesma e há um padrão encontrado nas memórias infantis de vidas passadas: mudança de comportamento, a fixação na morte traumática, fornecimento de detalhes precisos sobre o acontecimento, fobias relacionadas ao fato e outros.

No segundo livro de Bowman é apresentado o caso de reencarnação de um menino chamado Peter, morto num incêndio junto do pai, em casa, no ano de 1970. O Peter do presente se chamava Gary no passado, e a mãe de Peter no presente é Tracy, a mesma irmã de dois anos de Gary na data da tragédia.

Como o incêndio e as mortes foram traumáticos para a família, seus membros raramente falavam sobre o assunto. Quanto à Tracy, a mulher pouco se lembrava do incidente, mas sabia que um incêndio destruíra a casa de seus familiares e, no infortúnio, Gary havia morrido junto ao pai. Segundo Tracy,

> Peter falava sobre o incêndio com frequência, acrescentando mais um pequeno detalhe a cada vez. Parecia estar enxergando toda a cena e sabia exatamente o que estava acontecendo dentro e fora da casa ao mesmo tempo. Peter descrevia detalhes que eu desconhecia. Cada vez que ele acrescentava alguma informação, eu telefonava para minha mãe, Edith, para verificar sua veracidade. E ela confirmava que tudo estava correto: a estrada circular, o pinheiro em chamas, os latidos do cachorro e o bombeiro de barba escura. O que mais me impressionou foi o fato de Peter descrever como Gary e o pai morreram. Ele disse que, quando o pai correu de volta para casa, para

---

[169] BOWMAN, 2005.

O CASO DE MONTSERRAT

> salvar Gary, o caminho ficou bloqueado pelas chamas e eles não puderam sair. Então, os dois se esconderam sob um colchão para fugirem da fumaça. O irmão mais velho confirmou que os bombeiros encontraram pai e filho debaixo de um colchão.[170]

Outro fato relevante foi que quando a avó Edith mostrou à criança uma foto de Gary, Peter apontou para a imagem e disse: "Este aqui é o meu amigo Gary!". Peter repetiu a história do incêndio, sempre com os mesmos detalhes, por cerca de doze meses, até completar quatro anos. As lembranças sempre apareciam espontaneamente e ao acaso, sem que nada as provocasse. Quando descrevia o incêndio, a mudança de comportamento era total. Normalmente, o menino era despreocupado e alegre, mas ao falar sobre o incêndio, ficava sério e centrado nas imagens que apareciam em sua mente.

Segundo Bowman,[171] as descrições de Peter são congruentes com os padrões que encontrou nas memórias infantis de vidas passadas: mudança de comportamento, a fixação na morte traumática, fornecimento de detalhes precisos sobre o acontecimento, fobias relacionadas ao fato, como o pavor que a criança sentia ao ver algo relacionado ao fogo: alguém acender um cigarro, fogão à lenha, isqueiro e outros.

Apesar de ter se tornado conhecida com suas pesquisas sobre palingenesia e com a publicação de seus livros, que foram traduzidos para vinte e duas línguas, Bowman vem atuando como terapeuta de vidas passadas com o público adolescente e adulto na Pensilvânia, EUA, desde 1989, ministrando palestras e promovendo debates sobre o assunto.

JIM B. TUCKER

Jim B. Tucker (EUA, 01 jan.1960) é um médico psiquiatra estadunidense e renomado pesquisador contemporâneo da palingenesia. Integra os cargos de diretor da Clínica de Psiquiatria Infantil e Familiar; e de professor associado de Psiquiatria e Ciências Neurocomportamentais na Universidade de Virgínia, em Charlottesville, Virgínia, nos Estados Unidos. Possui como produção acadêmica os livros *Vida antes da vida*,[172] *Return to life*[173] *e diversos artigos científicos*.

---

[170] BOWMAN, 2005, p. 24.

[171] BOWMAN, 2005.

[172] TURKER, 2007.

[173] TURKER, 2015.

Tucker recebeu uma formação familiar e religiosa rígida, apoiada nos dogmas da Igreja Americana Presbiteriana Sulista e, por isso, o tema *vidas pretéritas* era muito distante de sua realidade. Quando metade da graduação em Medicina tinha sido concluída e era chegado o momento de optar por uma área de atuação profissional, que seria a psiquiatria, o estudante estreitou laços com o *know how* e arcabouço científico de Ian Stevenson. Posteriormente, esteve como observador do departamento dirigido pelo último, até que recebeu o primeiro convite para acompanhá-lo numa viagem a trabalho, no ano de 1999.

Segundo Jim,[174] na ocasião ele era "um jovem apressado, tornando-se 'chefe' de um departamento de psiquiatria, em seus avançados trinta anos", enquanto Ian Stevenson beirava os oitenta e já tinha trilhado uma carreira acadêmica de franco sucesso, dedicada aos estudos sobre memórias de vidas pregressas durante mais de quatro décadas.

A primeira investigação de Tucker como acompanhante de Stevenson foi a de Patrick, um menino de cinco anos, residente de um pequeno subúrbio do centro-oeste americano, onde também moravam a mãe Lisa, o padrasto e dois irmãos mais velhos. Os dados coletados durante a pesquisa revelaram que pouco depois de ter sido dado à luz, foram observadas três marcas de nascença no corpo de Patrick (olho esquerdo, ouvido direito e pescoço), mas nada podia ser feito para eliminá-las, segundo especialistas.

Posteriormente, ao completar dezesseis meses, o menino começou a mancar da perna esquerda sem que houvesse qualquer patologia que justificasse o problema. Após alguns anos, Patrick iniciou os relatos sobre uma existência passada, as mesmas vivenciadas por seu irmão, Kevin, morto vinte anos antes do seu nascimento, em decorrência de leucemia.[175]

A severa doença provocou tumores na perna esquerda e na cabeça de Kevin, exigindo um tratamento com biópsias, procedimentos cirúrgicos, rádio e quimioterapia que produziram sequelas motoras e cortes nos mesmos locais onde Patrick tinha os sinais de nascença.

A equipe formada por Stevenson e Tucker examinou o menino, entrevistou a mãe, os demais membros da família, um médico, e pesquisou os registros de Kevin no hospital onde ele tinha recebido tratamento. Os dados levantados nos depoimentos foram congruentes

---

[174] TURKER, 2015, p. 54.
[175] TURKER, 2015.

O CASO DE MONTSERRAT

com as informações obtidas nos arquivos hospitalares, confirmando a hipótese de Patrick ser Kevin renascido vinte anos depois. A seguir será apresentado um relato de memória de vida passada advindo da criança pesquisada:

> Lisa estava se arrumando para o trabalho, um dia, quando Patrick perguntou se ela se lembrava de quando ele fez cirurgia. Depois de responder que ele nunca tinha feito cirurgia, o menino disse *Claro que fiz, aqui no meu ouvido*, e apontou para o local acima da sua orelha direita, onde havia um tumor em Kevin que foi submetido à biopsia.[176]

Dois anos depois da primeira ida, Ian e Jim voltaram a visitar a família de Patrick e ele continuava a revelar histórias inusitadas sobre suas vivências pretéritas. Na época, contava sobre sua vida anterior ao Kevin, que se passara no Havaí. Falava de sua família de lá, de seu filho morto e de uma estátua de metal que tinha sido derretida em consequência de um vulcão. Além da vida havaiana, ele também mencionou à mãe sobre uma experiência sua no céu, no período entre o falecimento de Kevin e o seu nascimento como Patrick, conforme a seguir:

> *Sabe que você teve um parente sobre quem ninguém fala?* Ele (Patrick) disse que o encontrou no céu antes de nascer. O homem era alto e magro, com cabelos e olhos castanhos. Ele disse ao Patrick que seu nome era Billy e costumava ser chamado de *Billy, o pirata*. Ele tinha sido assassinado pelo padrasto, um tiro à *queima roupa* nas montanhas. Billy expôs que foi esquecido, que ninguém falou sobre ele depois da sua morte.[177]

Lisa não conhecia nenhum parente chamado Billy e resolveu telefonar para a sua mãe, que confirmou a história contada por Patrick. Billy era filho da irmã mais velha da mãe de Lisa, sua tia, e, de fato, ele fora assassinado pelo padrasto. Depois da tragédia, a família não mencionou mais o caso. Quando Lisa citou o apelido *Billy, o pirata*, a avó de Patrick riu e disse que nunca mais tinha ouvido a expressão desde a morte do sobrinho.

Patrick era um caso rico, que fora indicado por Carol Bowman a Ian Stevenson porque ele ouvia histórias de palingenesia havia um longo tempo e tinha um jeito único de investigá-las. Em boa parte do

---

[176] TURKER, 2015, p. 131-2, tradução minha.
[177] TURKER, 2015, p. 198-9, tradução minha.

livro *Return to life*,[178] Tucker menciona Ian Stevenson: sua competência; desinteresse de riqueza; abertura de mente como cientista, deixando clara a admiração que lhe destina. A citação a seguir ilustra o exposto:

> Ele era uma figura singular. Ele poderia ser o acadêmico mais prototípico e sério – formal às vezes e preciso em seu idioma – enquanto explorava as coisas mais estranhas. Explorá-las não significava aceitá-las automaticamente, e ele nunca perdeu sua abordagem analítica em todos os casos que encontrou.[179]

Jim não considerava a ideia da reencarnação até ler o *best-seller Vinte casos sugestivos de reencarnação*,[180] de Stevenson, obra que apresenta tanto relatos consistentes de crianças a respeito da palingenesia quanto estudos sobre tais narrativas a partir de uma abordagem científica objetiva. O profissionalismo de Ian inspirou Tucker para às pesquisas sobre a temática e, atualmente, ele assume o cargo que foi de Stevenson na Universidade de Virgínia, dando continuidade ao trabalho.

A diferença identificada entre ambos os médicos psiquiatras é que Stevenson concluía seus casos com uma "sugestão de lembrança de vida passada que devia ter sido obtida por meio de alguma habilidade paranormal". Tucker[181] não deseja somente mostrar o fenômeno; quer que o fenômeno faça sentido, pois, a seu ver, memórias de vidas passadas podem ser consistentes e embasadas pelo conhecimento científico vigente.

Ao longo de sua vida profissional, Jim Tucker estudou mais de dois mil e quinhentos casos de palingenesia oriundos de quase todos os continentes, e eles estão registrados nos arquivos da Divisão de Estudos da Personalidade da Universidade de Virgínia. O material coletado aponta para dois tipos principais de participantes das pesquisas: há a criança que parece se recordar de ter sido um membro falecido da família e há a criança que fala de vidas passadas, mas não fornece detalhes sobre a sua personalidade prévia.

Por meio das pesquisas verificou-se que as crianças começam a relatar as lembranças de uma vida passada por volta dos seus trinta e cinco meses (quase três anos), e a maioria delas para de falar sobre o assunto entre seis

---

[178] TURKER, 2015.
[179] TURKER, 2015, p. 198-9, tradução minha.
[180] STEVENSON, 1970.
[181] TURKER, 2015.

O CASO DE MONTSERRAT

e sete anos. Entretanto, vários sujeitos continuam com a memória preservada depois que crescem. Também, de acordo com entrevistas realizadas por Erlendur Haraldsson, integrante da equipe de Tucker, são identificados vários adultos que possuem lembranças de suas vidas pretéritas.[182]

Segundo Jim, alguns participantes de pesquisas afirmaram já terem vivido aqui na Terra antes da existência presente, fornecem detalhes dessas experiências e, muitas vezes, fazem descrições minuciosas da situação que os levaram a óbito. Das crianças que relataram os falecimentos, setenta e cinco por cento tiveram uma morte violenta ou súbita; setenta por cento delas morreram por meios não naturais: entaladas por guloseimas, por acidentes, assassinatos, suicídios ou por combates.[183]

Diversos indivíduos descreveram suas experiências pós-morte, a partir das quais se conclui que essa etapa não é igual para todas as pessoas: umas se desprendem do corpo, fazem contato com parentes falecidos, divindades, luzes, túneis; outras permanecem na Terra, procuram por seus corpos e até voltam a nascer de imediato.[184]

Ademais, com base nos variados estudos que vêm sendo desenvolvidos há décadas sobre marcas e deficiências de nascença, Tucker verificou que imagens mentais podem produzir efeitos no corpo físico. Quer dizer, porque a mente permanece após a morte e depois habita um feto em desenvolvimento, as suas imagens o afetarão. Contudo, não são as feridas no corpo do passado que produzem marcas e defeitos de nascimento, mas as imagens da ferida na mente individual que atravessam as existências.[185] [186]

Os casos pesquisados pela equipe de Tucker oferecem evidências significativas de que alguns sujeitos têm memórias paranormais de acontecimentos prévios, cuja explicação é que eles experimentaram esses eventos em uma vida anterior.

Para concluir a seção sobre Jim Tucker, será apresentado a seguir um caso por ele estudado que evidencia memória de vida passada, período pós-morte e reencarnação aleatória.[187]

---

[182] TURKER, 2007.
[183] TURKER, 2007.
[184] TURKER, 2007.
[185] TURKER, 2007.
[186] STEVENSON, 1997.
[187] TURKER, 2007.

A história de Ampam se passou na Ásia e é antiga, pois ela estava com dezenove anos na época em que Tucker visitou o vilarejo. Segundo seus pais, a menina começou a falar sobre uma vida prévia quando tinha cinco anos, mais tarde do que a maioria das crianças estudadas. Ela chorava e insistia que queria ir para casa. Um dia, sua mãe lhe disse: "Sua casa é aqui. Onde é a casa sobre a qual você está falando?". Ampam respondeu: "Buhom Village". Como Buhom ficava a três milhas da residência da família e a estrada que ligava as duas vilas era precária, não houve locomoção entre os moradores dos dois locais durante o tempo corrido.

O nome anterior de Ampam era Wong ou Somwong e ela morreu no hospital do distrito, em decorrência de febre alta e dengue hemorrágica. Sua mãe do presente perguntou como ela havia chegado até eles. A menina contou que depois de morrer, uma van levou seu corpo. Ela correu atrás do automóvel, mas não conseguiu alcançá-lo. Então, caminhou cinco milhas, percorreu uma estrada, passou em frente à casa dos pais atuais, procurou por água para beber, viu sua futura mãe, sentiu uma brisa fresca. Ao invés de continuar sua jornada, ela deitou-se para descansar e nasceu subsequentemente da mulher.

Ampam chorou durante três anos seguidos pedindo para voltar para casa. Quando estava com oito anos, trinta pessoas de seu vilarejo alugaram um ônibus para irem a um tradicional Festival Budista em Buhom, dentre as quais estavam a menina, sua mãe e um amigo da família. Assim que chegaram ao local, Ampam conduziu os dois a uma casa e correu naquela direção para abraçar uma mulher que lá estava, chamando-a de "mamãe".

A senhora de Buhom contou que, de fato, ela tivera uma filha chamada Somwong que morrera como o descrito. Ampam passou um tempo com a família de Buhow e lá pediu o amuleto de Buda que pertencera à Somwong, indo até o guarda-roupa de sua antiga personalidade para procurar, mas seus pertences não mais estavam lá.

Ampam passou a visitar a família de Buhom três vezes ao mês, e cada uma de suas permanências chegava a durar dez dias seguidos. Os pais do presente da menina não se importavam em dividir a filha com a família do passado, porque, finalmente, viam-na feliz.[188]

---

[188] TURKER, 2015.

O CASO DE MONTSERRAT

BRIAN WEISS

Brian Weiss (EUA, 06 nov.1944) é um médico psiquiatra norte-americano, presidente emérito do Departamento de Psiquiatria da Mount Sinai Medical Center, em Miami, e professor clínico associado do curso de psiquiatria da Universidade de Medicina de Miami que, após vários anos de carreira direcionou seus estudos para as vertentes da vida após a morte e da reencarnação.

Weiss não acreditava na temática em questão até clinicar com hipnoterapia no tratamento da paciente Catherine, na década de 1980, quando ela apresentou relatos de situações experimentadas em vidas pregressas. Após investigar suas lembranças e de confirmá-las em arquivos públicos, Brian passou a aceitar a noção de sobrevivência da personalidade após a morte e escreveu quatro livros: *Muitas vidas, muitos mestres*,[189] *A cura através de terapia de vidas passadas*,[190] *Só o amor é real*,[191] e *A divina sabedoria dos mestres: um guia para a felicidade, alegria e paz interior*.[192]

Catherine tinha vinte e sete anos quando iniciou o tratamento psiquiátrico clínico apresentando como queixa a ansiedade, ataques de pânico e depressão, cujos sintomas já eram presentes na infância, mas haviam se tornado mais graves pouco antes do tratamento. Na clínica foram utilizados métodos tradicionais durante os dezoito meses iniciais, sem a obtenção de resultados satisfatórios.

Na primeira etapa do tratamento, Catherine comparecia uma ou duas vezes por semana ao consultório e Brian lhe avaliava como uma boa paciente, faladora, capaz de expor visões interiores e, sobretudo, extremamente desejosa de se curar. No período de um ano e meio o processo já havia caminhado bastante. Sentimentos, pensamentos e sonhos foram trabalhados. A cliente já era capaz de reconhecer padrões repetidos de comportamento e recordava muito mais detalhes importantes do seu passado. Por exemplo, o seu pai era ausente, por viajar constantemente a trabalho num navio mercante, e costumava ser violento devido ao alcoolismo. Ainda, Catherine vivia uma relação amorosa turbulenta com um homem casado, de nome Stuart.

---

[189] WEISS, 1998.

[190] WEISS, 1996.

[191] WEISS, 1996.

[192] WEISS, 1999.

Ana Paula Cavalcantte

Segundo Brian,[193] em geral, há melhora dos sintomas quando o paciente se recorda de situações difíceis do passado, podendo reconhecer e corrigir padrões de comportamentos inadaptados e desenvolver a capacidade de analisar suas dificuldades numa perspectiva mais ampla e independente. Entretanto, mesmo com os avanços de Catherine, ela não melhorava. Ainda vivia a intensa ansiedade, a depressão e os ataques de pânico. Seu sono era fragmentado e pouco reparador. Apresentava fobias diversas: do escuro, da água, de ser fechada e de sufocar. Por isso, recusava ingerir medicamentos psicotrópicos que poderiam auxiliá-la naquela fase.

Então, um fato inusitado aconteceu. Embora tivesse intenso medo de viajar de avião, Catherine acompanhou Stuart numa conferência de Medicina em Chicago, no ano de 1982, e propôs que visitassem uma exposição egípcia no Museu de Arte local, onde participariam de uma visita guiada. Ela não era uma estudiosa da cultura egípcia, mas se interessava pela história, por artefatos e reproduções de relíquias daquele povo. Quando o guia começou a fornecer explicações da exposição, Catherine passou a corrigi-lo em alguns equívocos, e ela estava com a razão, o que deixou um e outro perplexos. Ao saber do fato, Brian[194] formulou uma hipótese sobre serem recordações sublimadas da infância.

Por conta desse fato e da persistência dos sintomas dolorosos de Catherine, Weiss propôs a inserção da técnica da hipnose no tratamento psicoterapêutico, o que foi aceito pela paciente, mas com relutância. O psiquiatra esclarece que:

> A hipnose constitui uma ferramenta excelente para ajudar um paciente a recordar incidentes há muito esquecidos. Não existe nada de misterioso a seu respeito. Trata-se apenas de um estado de concentração focada. Sob as instruções de um hipnotizador com experiência, o corpo do paciente descontrai-se, o que permite que a memória se avive, o que ajuda a reduzir a ansiedade, eliminar fobias, mudar maus hábitos e ajudar a recordar assuntos recalcados que podem estar na primeira infância, por volta dos dois ou três anos.[195]

---

[193] WEISS, 1996.

[194] WEISS, 1988.

[195] WEISS, 1998, p. 7.

Em estado de hipnose, Catherine se lembrou de algumas situações traumáticas da infância: uma situação desagradável no dentista aos seis anos; um empurrão da prancha para a piscina aos cinco anos, quando engoliu água e sufocou; a presença do pai alcoolizado em seu quarto a tocar-lhe intimamente o corpo, tapando sua boca para ocultar seu choro, quando tinha a idade de três anos.

Os difíceis acontecimentos na infância da paciente foram trabalhados na sessão, mas no encontro seguinte Catherine relatou que seus sintomas continuavam intactos, tão graves quanto no início do tratamento, o que ia de encontro às expectativas do psiquiatra, e ele resolveu hipnotizá-la mais uma vez. A paciente foi conduzida à idade de dois anos, mas não foi identificada nenhuma recordação significativa. Brian Weiss aprofundou o processo dizendo: "Regresse ao tempo onde têm origem os seus sintomas" e a paciente passou a descrever sua vivência, conforme a seguir: "Vejo degraus brancos que conduzem a um edifício, um grande edifício branco com pilares, aberto na frente. Não há portas, eu uso um vestido comprido; um vestido solto feito de um material grosseiro. Uso tranças e o meu cabelo é comprido e loiro".[196]

A perplexidade tomou Brian, que não estava certo do que estava acontecendo, mas mesmo assim deu continuidade à técnica, perguntando em que ano ela estava e como se chamava. Catherine respondeu:

> Aronda. Tenho dezoito anos. Vejo um mercado diante do edifício. Há cestos. Carregam-se os cestos no ombro. Vivemos num vale. Não há água. O ano é o de 1863 a.C. A zona é árida, quente e arenosa. Há um poço, não existem rios. A água chega ao vale vinda das montanhas.[197]

Brian pediu que Catherine avançasse mais no tempo.

> Há árvores e uma estrada em lajes de pedra. Vejo uma fogueira onde estão a cozinhar. O meu cabelo é loiro. Uso um vestido castanho comprido, de tecido grosseiro, e sandálias. Tenho vinte e cinco anos. Tenho uma filha que se chama Cleastra. Ela é a Raquel. [No tempo atual Raquel é a sua sobrinha; sempre tiveram um relacionamento muito chegado]. Está muito calor.[198]

---

[196] WEISS, 1998, p. 9.

[197] WEISS, 1998, p. 9.

[198] WEISS, 1998, p. 9.

Brian[199] estava atônito e não se sentia seguro em conduzir aquela hipnose, pois nunca tinha passado por situação semelhante com qualquer outro paciente, mas procurava encontrar acontecimentos traumáticos que pudessem estar subjacentes aos medos ou sintomas atuais. Seguiu, então, instruindo Catherine a avançar no tempo até a sua morte, ao que foi relatado:

> Há ondas gigantescas que derrubam as árvores. Não existe qualquer lugar para onde se possa fugir. Está frio; a água está gelada. Tenho que salvar a minha bebê, mas não consigo. A única coisa que consigo fazer é apertá-la muito contra mim; a água sufoca-me. Não consigo respirar, não consigo engolir. Água salgada. A minha bebê é arrancada dos meus braços.[200]

Catherine arfava, tendo dificuldade para respirar. De repente, o seu corpo descontraiu-se completamente e a respiração tornou-se profunda e regular, e ela continuou o relato: "Vejo nuvens. A minha bebê está comigo. E outras pessoas da minha aldeia. Vejo o meu irmão".[201]

Apesar das dificuldades apresentadas por Catherine no início do tratamento, da sua resistência em tomar remédios porque não conseguia engolir comprimidos, ela se mostrou bastante disponível em se submeter às sessões de hipnose, apesar de ser adepta do catolicismo e de não ter ciência das ideias reencarnacionistas. Num encontro posterior, a paciente retornou à vida de Aronda, que se passou no Egito, onde trabalhava como preparadora de cadáveres:

> Estou atirando coroas de flores na água. É uma cerimônia. O meu cabelo é loiro e está penteado em tranças. Uso um vestido castanho com enfeites dourados e sandálias. Houve alguém que morreu, alguém da Casa Real: a mãe. Sou uma serva da Casa Real, e trabalho com os mortos. Colocamos os corpos em água salgada durante trinta dias. Secam e os órgãos são retirados. Sinto o cheiro, o cheiro de cadáveres. Num edifício separado vejo os corpos. Estamos a enrolar os cadáveres em ligaduras. A alma segue o seu caminho. Levamos as coisas que nos pertencem para estarmos preparados para a vida seguinte, a mais importante.[202]

---

[199] WEISS, 1998.

[200] WEISS, 1998, p. 9.

[201] WEISS, 1998, p. 9.

[202] WEISS, 1998, p. 12.

O CASO DE MONTSERRAT

Em sessão de hipnose posterior, Catherine começou a falar sobre outra existência sua:

Há barcos que parecem canoas, pintadas de cores brilhantes. Área de Providence. Temos armas, lanças, fundas, arcos e flechas, mas maiores do que o habitual. No barco há remos enormes, de formato estranho. Toda a gente tem que remar. É possível que estejamos perdidos; está escuro. Não se vê uma única luz. Tenho medo. Seguem Conosco outros barcos [aparentemente trata-se de uma incursão bélica]. Tenho medo dos animais. Dormimos em cima de peles de animais sujas e que cheiram horrivelmente. Estamos fazendo um reconhecimento. Os meus sapatos são engraçados, parecem sacos, atados nos tornozelos, feitos de peles de animais. [Uma longa pausa.] Sinto o meu rosto muito quente por causa das chamas. A minha gente está matando os outros, mas eu não. Tenho uma faca na mão. [De repente começa a gorgolejar e arquejar]. Relata que um combatente inimigo a agarrou pelas costas, colocando-lhe um braço em volta do pescoço, e que lhe cortou a garganta. Viu o rosto do seu assassino antes de morrer. Era Stuart. Parecia diferente naquela altura, mas ela sabia que era ele. Johan morreu com vinte e um anos. Em seguida, viu-se flutuando acima do seu corpo, observando a cena embaixo. Subiu até às nuvens, sentindo-se perplexa e confusa. Pouco depois sentiu que era puxada para um *minúsculo espaço acolhedor*. Estava para nascer de novo.

Há alguém que me segura nos braços, murmurou lentamente, alguém que ajudou o nascimento. Usa uma bata verde com um avental branco. Tem uma touca branca, dobrada para trás nos cantos. A sala tem janelas esquisitas, com muitas partes. O edifício é em pedra. A minha mãe tem cabelos escuros, muito compridos. Quer pegar em mim. A camisa de noite da minha mãe é estranha, muito áspera. Dói quando encosto no tecido. É bom estar ao sol e quente de novo. E, é a mesma mãe que tenho agora![203]

Catherine recordou várias das suas existências pregressas no tratamento com hipnose durante o período de tempo de cinco meses. Na imersão no passado, ela foi desenvolvendo dons psíquicos e, devido à sintonia estabelecida com Brian, ele também desenvolveu certos dons.

---

[203] WEISS, 1998, p. 14 e 15.

Em transe, "Catherine demonstrava ser capaz de agir como receptor de informações de entidades espirituais altamente evoluídas, e através delas revelou muitos segredos de vida e de morte".[204]

Os seres canalizados forneceram conselhos sobre o sentido da vida, tais como: o valor da paciência e de saber esperar; a sabedoria existente no equilíbrio da natureza; a necessidade da erradicação de medos, em especial o medo da morte; a importância da aprendizagem sobre a confiança e o perdão; o erro em julgar o outro; não cercear a vida de ninguém; a necessidade da acumulação e do uso dos poderes intuitivos; e talvez, acima de tudo isso, o inabalável conhecimento de que somos imortais.

É interessante pontuar que quando um profissional da área da saúde mental se depara com situações como a de Catherine é comum que lhe venha à mente a possibilidade da fantasia associada aos relatos ou à possibilidade de diagnósticos psiquiátricos, como uma psicose, por exemplo, já que psiquiatra e psicoterapeuta são treinados cientificamente para se oporem a tudo o que for diferente da ciência. E, inicialmente, essas ideias habitaram Brian, que não tinha qualquer familiaridade com a temática da palingenesia.

Entretanto, sob a ótica profissional, Catherine não possuía sintoma de desordem cognitiva ou de pensamento, não tinha alucinação de qualquer tipo, não se encontrava ausente da realidade, não apresentava personalidades múltiplas, não tinha tendência antissocial, não consumia drogas, não tinha diagnóstico de doença neurológica. Então, só restava admitir que se tratava de um caso de memórias que não estavam relacionadas à vida atual da paciente.[205]

Depois daquela intervenção, Brian Weiss precisou repensar sua formação acadêmica e religiosa para admitir que sua experiência com Catherine fora verídica e possuía relação com memórias traumáticas de vidas pretéritas. Essas vivências geravam sintomas difíceis, que levaram a paciente ao processo psicoterapêutico e, com o trabalho, a problemática desapareceu por completo.

As mudanças pessoais e profissionais sofridas transformaram Weiss em um terapeuta de vidas passadas com longa lista de espera, num palestrante e ministrante de cursos sobre o assunto, que atraíram pessoas de várias nações, o que ainda está em vigência.

---

[204] WEISS, 1998, p. 3.
[205] WEISS, 1998.

ROGER WOOLGER

O último autor desta seção trata-se de Roger J. Woolger (1944-2011), que foi um psicólogo nascido nos EUA e formado na Universidade de Oxford, em meados dos anos de 1960, especializado nas psicologias *clínica e behaviorista*. Ele inicia seu livro *As várias vidas da alma*[206] tecendo críticas à psicologia científica, demasiadamente alicerçada no experimentalismo e na estatística, avessa à metafísica, dando-se conta do quanto a sua formação acadêmica colocou sua inteligência numa camisa de força muito bem feita.

Foi pela meditação, pelos estudos em religiões comparadas e pela escrita de uma resenha sobre o livro de Arthur Guirdham, intitulado *Os cátaros e a reencarnação*,[207] que Woolger estabeleceu contato com temas como mediunidade, telepatia, aparições, vidas pretéritas, mas ainda com bastante ceticismo, tanto que, na conclusão da resenha, o material foi associado a um delírio.

Na década de 1970, outra vez o tema de vidas pretéritas surgiu quando um colega sugeriu que experimentassem uma técnica de regressão a uma vida passada e Roger concordou, apesar da descrença. Era um treinamento *junguiano* com utilização de visualização e de imagens oníricas em estado de relaxamento, de meditação, resultando no seguinte:

> Imagine a minha surpresa nessa época – oito anos depois daquela resenha – quando, deitado num sofá de uma longínqua casa de fazenda em Vermont, imagens, primeiro indistintas, depois muito vívidas, começaram a tomar forma, e eu não só me encontrava no sul da França como no auge da cruzada albigenge! Aqui estava eu, já então um analista *junguiano* em exercício, tendo visões que minha própria formação dizia não serem possíveis.

> Eu me vi praticamente grunhindo numa história sobre um camponês extremamente rude que se havia transformado em mercenário. Esta personalidade tosca que eu parecia ter assumido vinha do sul de Nápoles e acabou no exército papal organizado pelo rei da França com o propósito de exterminar a heresia meridional. Na pele deste indivíduo extremamente repugnante me descobri no meio de massacres terríveis, onde moradores de todas

---

206 WOOLGER, 1998.

207 GUIRDHAM, Arthur. *Os cátaros e a reencarnação*. São Paulo: Pensamento, 1992.

as cidades francesas foram retalhados e queimados em piras imensas, em nome da Igreja.[208]

Segundo o autor, essa história começou a explicar fragmentos perturbadores de tortura e morte que lhe apareciam em sonho e durante meditações. Além disso, o fim da história parecia explicar uma fobia relacionada ao fogo que esteve presente durante toda a sua vida, já que o camponês, sua personalidade anterior, morreu queimado numa fogueira.

No *continuum* das reflexões sobre a vivência, Woolger[209] deu-se conta de sua aversão ao militarismo e a religiões ortodoxas, sobretudo o cristianismo, bem como percebia em si próprio uma inclinação para a violência, fúria, brutalidade e certa facilidade para matar, o que era congruente com o soldado mercenário do passado.

Depois dessa rememoração, o psicólogo passou vários anos conduzindo clientes e colegas a experiências de vidas passadas e explorando suas próprias memórias, a partir do que adquiriu uma vasta experiência sobre o assunto. A seguir podemos citar uma dessas vivências.[210]

Leonard era um jovem de vinte e tantos anos que chegou para a terapia com uma série de questões referentes ao trabalho e aos seus relacionamentos amorosos. Ele terminara a faculdade havia alguns anos, com a qual conquistara um diploma de engenharia do qual fizera pouco uso. Em vez da carreira preferiu viver numa cabana na floresta, ganhando a vida com trabalhos avulsos de carpintaria. Esses trabalhos não lhe eram muito satisfatórios, pois se sentia frequentemente explorado pelos patrões, e as coisas não estavam muito melhores em sua vida pessoal, já que tivera uma série de relações breves com mulheres, terminando todas por abandoná-lo.

Segundo Woolger, tudo o que vivia contribuía para uma autoimagem muito precária e certo grau de depressão, que tendia a deixar Leonard ainda mais isolado. Ele estava preso num desses círculos viciosos nos quais a negatividade parece alimentar-se de si mesma e no qual, quanto mais a pessoa se esforça para sair, mais parece mergulhar.

Enquanto ouvia a história, Roger ficou impressionado com o quadro geral de isolamento de Leonard, associado a qualquer comunidade, grupo ou associação. Ele se mostrava ressentido e amargurado com

---

[208] WOOLGER, 1998, p. 20-21.

[209] WOOLGER, 1998.

[210] WOOLGER, 1998, p. 100-103.

uma sociedade que cometera o pecado de não lhe proporcionar uma carreira instantânea e uma mulher perfeita. Era um evidente desperdício de tempo observar-lhe que a maioria das pessoas de sua idade também estava lutando com trabalhos de meio período e andando aos tropeções nas relações amorosas.

Na percepção de Woolger,[211] o desespero de Leonard em relação ao seu lugar no mundo parecia brotar de algo além de suas circunstâncias imediatas, pois sempre que existe um forte sentimento de afeto, a abordagem mais eficiente, segundo descobriu, é simplesmente exagerá-lo até que atinja sua plena expressão. Assim, Roger pediu a Leonard para deitar-se no sofá com os olhos fechados e respirar profundamente, como se estivesse suspirando.

"Deixe realmente sair toda a tristeza e amargura", disse-lhe. "Veja aonde elas o levam". Ele seguiu as instruções durante algum tempo, arfando, sacudindo a cabeça e cerrando os punhos: "Não é justo", disse ele depois de algum tempo. "Não é justo. Por que você fez isso comigo?".[212]

Roger o encorajou a dizer quem era a pessoa e ele pronunciou o nome Sarah, sua última namorada: "Não é justo, Sarah. Por que fez isso comigo? Eu gostava de você de verdade. Você não ligou para mim, me deixou. Por que fez isso? Por quê?".[213]

O terapeuta insistiu para ele continuar repetindo essas frases. Leonard continuou: "Por que você fez isso? Em frente deles todos. Eu me senti tão idiota. O que vou fazer?". Roger perguntou-lhe o que estava acontecendo, colocando em alerta a frase em frente deles todos, ao que o paciente respondeu: "Não é mais Sarah. É essa mulher num barco. Um barco grande. Como os vapores do Mississipi. Está muito bem vestida. Uma espécie de cortesã. Por que fez isso? Você me enganou. Sinto-me um perfeito idiota".[214]

As lágrimas começaram a cair e os punhos de Leonard estavam cerrados; o rosto fez uma careta de tormento e raiva. Por trás da dor da rejeição de Sarah em sua vida présente havia acontecimentos pretéritos. Leonard estava recordando a vida de um jovem num vapor fluvial da

---

[211] WOOLGER, 1998.

[212] WOOLGER, 1998, p. 101.

[213] WOOLGER, 1998, p. 101.

[214] WOOLGER, 1998, p. 101.

América do Sul, no começo do século XIX. Ele se estabeleceu como jogador bem-sucedido e acabava de ter um caso rápido com uma jovem atraente, mas muito longe de ser monogâmica. Apesar de toda a fanfarronice mundana, no fundo ele era muito tímido com as mulheres e entregou-se ingenuamente a uma que brincou com seus sentimentos. Incapaz de reconquistá-la e vendo-se publicamente evitado por ela, caiu num ciclo de bebida e jogo do qual não saiu mais.

Entrando numa briga imprudente com um jogador de mais experiência naquele tipo de vida, levou um tiro e morreu. Existiu um elemento claramente suicida em sua provocação ao outro e ele morreu amargurado, ressentido e humilhado pelo abandono público ao qual a mulher o submetera.

A primeira sessão produziu um grande alívio emocional a Leonard, que percebeu que a velha ferida o levou a escolher, no presente, mulheres que o feriram e o humilharam, e isso porque uma parte dele precisava reviver a história antiga. Quando entraram pela segunda vez no processo regressivo, o paciente foi encorajado a expressar um pouco de sua raiva contida contra a amante do vapor fluvial, dizendo: "Sua puta! Odeio você! ODEIO VOCÊ! Você me feriu de verdade. Você é cruel e sem coração. Você só me usou".[215]

A ferida kármica estava longe de ser curada e o tratamento regressivo revelava que Leonard reproduzira em muitas de suas vidas passadas uma compulsão fatal de sucessivas rejeições, resultando na crença inconsciente de que "as mulheres sempre vão me ferir/deixar". Para trabalhar tal aspecto, Roger encorajou-o a se dirigir para a vida onde o abuso aconteceu pela primeira vez, instruindo-o a repetir as frases usadas pelo homem do vapor fluvial – "Você é cruel e sem coração. Você apenas brincou comigo. Você apenas me usou"[216].

Na prática do experimento, emergiu de Leonard a personalidade de um jovem escravo de uma cidade grega, nos primórdios do Império Romano. Seu dono era um comerciante rico, porém grosseiro, antipatizado e temido pela maioria das pessoas do lugar. O escravo era obrigado a desempenhar o papel de amante homossexual favorito do feio comerciante, a quem odiava, e devia tomar a terrível decisão de submeter-se à sodomia de seu dono ou de ser cruelmente espancado.

---

[215] WOOLGER, 1998, p. 102.
[216] WOOLGER, 1998, p. 102.

O CASO DE MONTSERRAT

Escolhendo a alternativa ligeiramente menos dolorosa, o escravo deparou-se ainda com outro nível de humilhação. Espalhou pela cidade que ele era o *garoto* do comerciante e, durante muitos anos, o rapaz foi insultado e ostracizado pelos outros escravos da cidade, os quais, não fosse pela situação, seriam seus amigos.

O momento decisivo daquela vida cruel ocorreu quando um destacamento de soldados romanos tomou a cidade e, por razões que não ficaram claras entre as recordações de Leonard, o comerciante foi preso e teve sua propriedade confiscada. Seus muitos escravos foram libertados, já que não tinham responsabilidade pelos atos de seu dono, mas o escravo-amante viu-se objeto da aversão de todos do lugar: não lhe davam comida ou emprego e, por fim, ele foi expulso de lá a pedradas por um grupo de jovens.

Machucado, sem teto e profundamente amargurado com o povo da cidade e com a sociedade humana em geral, o desventurado escravo vagou durante meses por estradas poeirentas, pedindo esmolas. Por fim, acabou trabalhando como pastor de cabras nas montanhas, tendo lá vivido o resto de seus dias.

As sessões regressivas tornaram claro que estavam na vida de escravo as raízes kármicas do isolamento social de Leonard, bem como dos seus sentimentos de rejeição, amargura, desconfiança de patrões e medo de abuso em relações sexuais. À luz desse antigo vestígio de memória, a compulsão de Leonard em viver numa cabana nas montanhas parecia muito compreensível, assim como a concomitante depressão e a impossibilidade de participar de qualquer comunidade.

Fazer as ligações entre sua vida presente e as histórias do passado funcionou como se uma grande carga saísse de sua psique. Ele continuou em terapia e explorou outras questões de suas vidas passadas. O dia a dia começou a ficar mais leve, sua vida social passou a desabrochar. Ele mudou-se para a cidade, iniciou um namoro, fez amigos na comunidade, questionava suas pretensões com o maior cuidado, evitava as possibilidades de rejeição e começou a sentir-se muito diferente.[217]

Numa das sessões, Leonard se encontrou numa vida passada na China antiga, onde era o senhor de uma cidadezinha em luta contra as hordas mongólicas invasoras. Era um líder valente, nobre, que se dedicava o tempo todo a lutar, a reconstruir, a suprir e a organizar.

---

[217] WOOLGER, 1998.

Morreu de exaustão nessa vida, tendo dado tudo de si para seu povo. Vendo aquilo em retrospectiva, ele se sentiu imensamente fortalecido. Na sua psique, essa foi uma compensação preciosa para o amargo e desesperador ostracismo do escravo, o que produziu um processo de reequilíbrio e de integração de vida.

Woolger[218] pontua que as vidas passadas exercem influência quase que universal no comportamento atual de uma pessoa e de duas formas. A primeira delas tem a ver com a percepção de que os personagens de eras passadas atuam como outros *Eus* no fundo da consciência, ou no inconsciente da personalidade atual. A segunda delas que se manifesta é um sentimento inevitável de que a existência pretérita está sendo de algum modo reeditada na vida presente, e que ainda continua inacabada. Por exemplo, uma mulher não consegue engravidar por causa de um sentimento de culpa por ter abandonado uma criança em vida passada. Outra, um homem lembra-se de ter sido humilhado sexualmente por mulheres mais velhas para quem trabalhou na condição de criado no tempo da juventude. Por esse motivo, ele se retira da companhia feminina, que é hoje uma constelação repetida em relações homossexuais.

Segundo o autor, a personalidade não é singular e, sim, múltipla, não no sentido psiquiátrico de múltiplas personalidades, mas no sentido de haver tantos níveis do *Eu* quanto cascas numa cebola. Esses *Eus* são descascados quando a pessoa olha para suas vidas passadas, as quais podem se manifestar naturalmente, como nos sonhos.

Em sua prática psicoterapêutica, Roger tratou diversas pessoas com regressão e catalogou alguns dos problemas psicológicos mais comuns. São eles:

a. *Insegurança e medo de abandono*. Relacionados com frequência a recordações de vidas passadas em que ocorreu abandono literal quando criança, separação durante uma crise ou uma guerra, orfandade, venda como escravo, ser abandonado para morrer em épocas de fome e outras.

b. *Depressão e falta de energia*. Recordações de vidas anteriores relacionadas à perda de um ente querido ou de um dos pais, luto inacabado, lembranças suicidas, desespero em consequência de guerra, massacre, deportação e demais.

---

[218] WOOLGER, 1998.

c. *Fobias e medos irracionais*. Todo tipo de trauma numa vida pretérita: morte pelo fogo, pela água, por sufocamento, por animais, facas, insetos, desastres naturais e outros.

d. *Problemas de comportamento sadomasoquista*. Em geral, relacionados com recordações de tortura em vida passada, frequentemente com perda de consciência e, muitas vezes, com conotações sexuais; o sofrimento e a cólera parecem perpetuar o ódio e o desejo de vingar-se de algum modo.

e. *Culpa e sentimentos de mártir*. Em geral, decorrentes da lembrança de matar diretamente entes queridos no passado ou de sentir-se responsável pela morte de outros (como num incêndio, por exemplo); sacrifício humano de um filho, ter ordenado a morte de outros sem necessidade e demais. O pensamento recorrente é, com frequência, que a culpa é toda de si próprio e que merece o pesar.

f. *Insegurança material e desordens alimentares*. Muitas vezes constituem a repetição de lembranças de ter morrido de fome em vida passada, de colapso econômico ou de pobreza inevitável; manifesta-se na forma de anorexia, bulimia ou obesidade.

g. *Acidentes, violência, brutalidade física*. Repetição de lembranças de antigas batalhas em vidas de guerreiros; busca não realizada de poder, amor cerceado pela aventura; comuns na adolescência, fase da vida em que, ao longo da história, muitos soldados encontraram a morte.

h. *Guerras familiares*. Em geral, antigos problemas de vidas passadas a serem resolvidos com pais, filhos ou irmãos: traição, abuso de poder, injustiças em questões de herança, rivalidades e outros; inclui a maioria dos complexos edipianos estudados por Freud.

i. *Abusos e problemas sexuais*. Frequentemente, problemas de frigidez, impotência e infecções genitais estão relacionados com histórias de estupro, abuso ou tortura em vidas passadas. Muitas histórias de incesto e abuso de crianças acabam por ser repetições de antigos modelos em que a liberação emocional foi bloqueada.

j. *Dificuldades matrimoniais*. Estas derivam, com frequência, de vidas passadas em que o mesmo par amoroso se encontrava numa constelação de poder, classe social ou sexo; por exemplo, na condição de amante, escravo, prostituta, concubina, em que os papéis sexuais eram invertidos.

k. *Indisposições físicas crônicas*. Repetição de mortes ou de ferimentos traumáticos na cabeça, nos órgãos, nos membros, nas costas e outros, em vidas passadas. Dores de cabeça podem relacionar-se a opções mentais intoleráveis em vidas anteriores; dores de garganta podem corresponder a denúncias verbais ou pensamentos não expressos; úlceras, a memórias de terror; dores no pescoço, a enforcamento ou estrangulamento.

Essa lista de problemas relacionados a vivências traumáticas do passado não esgota o assunto, mas serve para pontuar o quanto a palingenesia pode justificar questões difíceis da vida atual de uma pessoa. Além disso, Roger Woolger[219] identificou que o desenvolvimento psíquico e espiritual teria uma economia interior sutil, segundo a qual todo indivíduo caminha de acordo com o seu ritmo, ou seja, as lembranças e consciência pretéritas emergem de acordo com as possibilidades internas do sujeito.

A sua última dica é que a exploração de vidas passadas pode assemelhar-se à abertura da caixa de Pandora: existe a possibilidade de que sejam desencadeadas forças poderosas sobre as quais a pessoa tem pouco controle e que devem ser manipuladas com cautela. Dependendo das características da experiência e do grau de sofrimento a que o sujeito é exposto, pode ser necessária a realização de um tratamento psicoterapêutico coordenado por um profissional competente.

Apesar das inevitáveis dores que vêm juntamente com as lembranças de uma vida pretérita, atravessar o processo produz um aprendizado extraordinário, pois fornece a oportunidade de a pessoa se confrontar com o seu verdadeiro *Eu*. Além do ato de deslindamento, por meio dos fatos lembrados o sujeito pode enxergar a essência de seus sofrimentos

---

[219] WOOLGER, 1998.

mais prementes, pode se desintoxicar das emoções represadas, ressignificar e fechar situações pendentes, e promover mudanças efetivas de alma e de vida.

Este capítulo abordou o tema da recordação de vidas passadas, que integra o grupo de fenômenos anômalos do tipo Psi-Gama e tem sido estudado cientificamente desde o século passado. Ainda há muitas questões a serem respondidas sobre o assunto, mas graças a pesquisadores diversos, como os aqui mencionados e vários outros, a ciência tem caminhado em direção ao universo da paranormalidade e está vencendo preconceitos.

Escrever este livro faz pensar que, embora historicamente, ciência e espiritualidade tenham se constituído em mundos dissonantes, excludentes, principalmente porque buscam garantir a sua verdade e ponto de vista sobre o mundo, é possível lhes lançar outro olhar. Olhar este que parte da academia, mas não ignora as habilidades anômalas e mesmo as vivências pessoais. São essas habilidades paranormais que os capítulos futuros apresentarão, ajustando o foco sobre as minhas próprias experiências sensitivas.

AUTOBIOGRAFIA DE UMA SENSITIVA

Vivencio experiências paranormais desde criança, tanto que junto da família, da escola e da música, posso compreendê-las como uma das minhas principais educadoras. Com base nas categorias de R. H. Thouless e B. P. Wiesner,[220] citadas no primeiro capítulo deste livro, as habilidades sensitivas que possuo se enquadram nas modalidades *Psi-Gama* e *Psi-Theta*, das quais já experienciei telepatia, precognição, intuição, vidência, clarividência, clariaudiência, sonhos lúcidos, experiência fora do corpo, psicografia, incorporação, contato com OVNI e recordações de vidas passadas.

Quanto às dimensões *iniciais-processuais* delimitadas por Berembaum *et al.*[221] também citadas: ao *Nível de consciência*, as minhas experiências ocorrem em estado de vigília, de sono e em estados alterados de consciência; no que se refere à *Vontade,* as vivências anômalas sempre foram involuntárias; a respeito do *Controle sobre a experiência*, raramente tive essa capacidade.

Focando as *dimensões fenomenológicas* dos mesmos autores, quanto à *Valência hedônica subjetiva*, minhas experiências têm sido tanto prazerosas quanto incômodas; com referência às *Qualidades físicas e metafísicas*, as vivências tanto fazem uso dos órgãos sensoriais (visão, audição, tato, paladar e olfato) como cruzam as barreiras do corpo, da mente e do espaço; referente aos *Outros centrais,* costumo manter envolvimento e contato com outros indivíduos vivos ou entidades desencarnadas.

Além das características apontadas, ao longo das minhas cinco décadas de vida, a diversidade sensitiva pela qual passei variou em termos de qualidade e de quantidade. Isto é, na adolescência vivi situações

---

[220] THOULESS; WIESNER, 1942.

[221] BEREMBAUM; KERNS; RAGHAVAN, 2000.

extremamente intensas e frequentes, talvez porque foi o período em que mais travei conflitos com tais habilidades. Em todas as fases do meu desenvolvimento, elas têm sido tanto positivas quanto negativas. Ainda, periodicamente têm variado quanto aos tipos: ora mais precognições; ora frequentes clarividências e/ou clariaudiências; dias, semanas ou meses de palingenesia; ora experiências fora do corpo diárias; ora vários fenômenos juntos, e assim por diante.

Sempre interpretei minha condição como imposta e incomodativa, mas aos quarenta e seis anos compreendi o porquê da sina: como sou uma pessoa bastante questionadora, com inclinações para a rebeldia e o ceticismo, precisei ter uma vida cheia de experiências paranormais consistentes, que se comprovassem ou confirmassem, para que elas validassem o processo regressivo que viria mais à frente, no predeterminado ano de 2011. Do contrário, de livre e espontânea vontade eu procuraria um hospital psiquiátrico solicitando minha internação.

Brincadeiras à parte, depois de compreender minha história ingressei num processo paulatino de aceitá-la e de aceitar-me. Desse modo, agora penso estar apta a me mostrar para, assim, apresentar algumas das minhas vivências mais marcantes, seguindo uma ordem cronológica possível, já que o registro de grande parte delas existe apenas em minha memória, comprometendo a precisão das datas.

É inumerável a quantidade de vivências que experimentei. Por isso, as marcas que me deixaram foi o critério utilizado para eleger as experiências integrantes deste capítulo, cabendo ressaltar que, não necessariamente, cada uma delas tem conexão com a narrativa principal, da recordação de uma vida passada que sempre volta – tema dos dois próximos capítulos. Cabe pontuar, ainda, que todos os nomes citados a partir de agora são fictícios.

3.1 NA INFÂNCIA

O menino de turbante (1969 a 1975)

Minha família de origem era constituída por pai, mãe, dois irmãos acima e uma irmã abaixo de mim. Portanto, quanto à sucessão e ao sexo/gênero, sou a terceira dos descendentes e a primeira mulher do grupo. Há, também, outra irmã não biológica, sete anos mais velha, que foi incorporada à casa quando eu tinha três anos.

Morávamos num apartamento com áreas comuns a toda residência, um belo terraço, mais três quartos, numa rua pequena e aprazível da Tijuca, bairro da zona norte do Rio de Janeiro. Atravessando a porta de entrada principal e seguindo por um corredor à frente, o primeiro cômodo à direita pertencia ao casal, e os outros dois subsequentes às meninas e aos meninos, respectivamente. A irmã já mocinha dormia entre as duas outras camas (minha e de minha irmã caçula), perto de quem me sentia protegida.

A memória mais antiga que possuo dos fenômenos paranormais se encontra nesse lar e remonta à idade de quatro anos: a nítida visão de um menino de pele bastante morena, na faixa dos dez anos, ornamentado com uma suntuosa vestimenta de estilo hindu, composta de *sári* e turbante, na cor amarelo-cetim e bordados em pedraria dourada. Suas mãos estavam sempre unidas em posição de oração; sua expressão facial era angelical e sorridente; seus olhos, brilhantes e vivazes.

O menino oriental costumava manter-se aos pés da cama e à frente da visão. Nossos olhos se interpenetravam. Comunicávamo-nos através da telepatia, numa linguagem composta de pensamento e sentimento, fluida, desprovida de ruídos, cuja mensagem era *Te adoro! Sinto felicidade em lhe ver! Estou sempre aqui!*

Jamais ouvira qualquer relato advindo de pessoa próxima que se assemelhasse àquela vivência. Contudo, mesmo sendo pequena, jazia uma consciência absoluta de que via uma alma a refletir *amizade antiga* e *amor*. Aqueles encontros eram sempre tão plenos que forneciam a confiança necessária para eu me entregar novamente ao sono, porque sabia que adormeceria iluminada por um ser celestial.

A criança indiana deixou de visitar-me na entrada da adolescência. Contudo, a partir do começo da meia-idade, um homem de aparência mais madura, hindu, gordinho, trajando vestes amarelas e douradas (calça balão, *sári*, turbante e sapatos estilo *Aladim*) tornou-se presença assídua em meu cotidiano. Percebia como principais características suas: o otimismo, a transparência e o amor. Em geral, ele surgia nos momentos determinantes, em que estavam sendo exigidas de mim reflexão e tomada de decisão, que promoveriam mudanças profundas. O ente apontava: "É por aqui!".

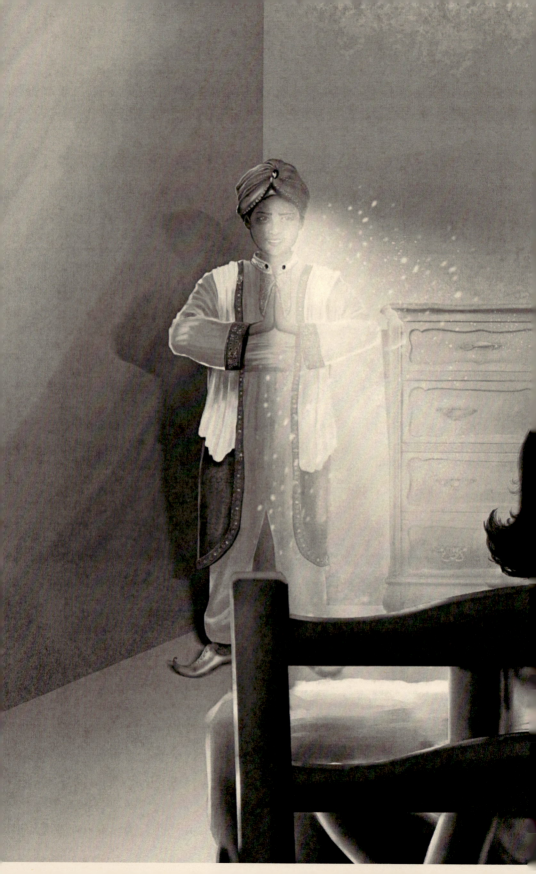

O CASO DE MONTSERRAT

Figura 1 – Menino oriental
Fonte: Hoger (2021)

Incorporação (1972)

A incorporação é um dos diversos fenômenos sensitivos, mediúnicos, já apresentada no primeiro capítulo deste livro. O termo costuma ser utilizado pelo espiritismo para descrever o ato da comunicação de uma personalidade desencarnada por meio do corpo de um mediador, voluntária e conscientemente, ou o contrário: independentemente da escolha ou da ciência do médium.

Passei pela experiência da incorporação apenas uma vez, quando tinha a idade de oito anos. Foi algo tão aterrorizador que costumo repelir o processo de um espírito expulsar minha alma para ocupar o corpo físico, toda vez que sinto a possibilidade disso acontecer de novo.

O meu irmão Célio era bastante agitado quando criança. Então, nossa mãe nos levou a um centro kardecista, num meio de semana à tarde, seguindo um sonho seu que sugeria que o menino recebesse passes magnéticos. Nunca tínhamos estado num local como aquele antes. Chegamos lá seguindo a dica de um amigo da família que era espírita, com quem minha mãe tinha compartilhado o sonho.

A instituição se localizava no mesmo bairro em que eu morava, na Tijuca, mas a distância era significativa, três quilômetros, que numa caminhada debaixo de um sol vespertino escaldante se triplicariam. Fomos de táxi e em cinco: além da dupla – Célio e mamãe – eu, a irmã caçula, Mariana, e uma vizinha chamada Marlene. Saltamos em frente a um imóvel com aspecto de hospital antigo, cuja fachada era composta por muros brancos e baixos, de onde saíam altas grades de ferro pintadas de cinza. Entramos pelo mesmo portão de veículos, que já se encontrava aberto para o público da sessão das quinze horas.

Atravessei um amplo pátio cimentado, destinado a estacionamento, de onde eu avistei uma edícula à esquerda e um prédio de dois andares ao fundo, juntos formando uma construção em L. Era uma Agremiação Espírita, fundada em 1939, com arquitetura no estilo clássico, de cor predominantemente branca.

As sessões aconteciam na edícula: um salão amplo, retangular, com piso cimentado e paredes brancas com vários ventiladores afixados, em franco funcionamento. Próxima à porta de entrada ficava uma grande mesa retangular, forrada com uma toalha de pano branca, onde estavam depositados: jarros de vidro com água, copinhos de café, livros, papéis e lápis. Rodeavam os quatro lados da mesa várias cadeiras de madeira, as mesmas que compunham o espaço do público assistido, que estavam dispostas em filas subsequentes e de frente para a área de trabalho.

Assim que chegamos e nos apresentamos, sentaram-nos nas cadeiras da frente. Da esquerda para a direita estávamos eu, Marlene, minha mãe e meus dois irmãos. Havia, na parede principal, ao centro, de frente para a assistência, dois quadros grandes: um com a imagem de Jesus e outro com a foto de Bezerra de Menezes (1831-1900) – um médico, filantropo e expoente da Doutrina Espírita. Nas demais paredes havia outras obras emolduradas menores, de figuras importantes para o espiritismo.

Os trabalhadores se sentaram circundando a mesa. Fez-se silêncio no recinto. Todos se concentraram e repetiram uma determinada oração, enquanto eu observava aquele universo de novidades. Num dado momento da reunião fui projetada para fora do meu corpo, para as costas, enquanto o via sentado na cadeira. Eu estava desconectada do físico e não era capaz de controlá-lo. Então, observei que cada membro do meu corpo (braços, pernas, cabeça), cada parte dele (boca, olhos, mãos) entortava e vertia para o lado esquerdo, até que a cabeça quase atingiu o chão.

Do lado de fora do corpo, eu andava de um lado para o outro, tentava chamar as pessoas conhecidas, tocando-as e gritando, mas minhas mãos atravessavam seus corpos e eu não podia ser ouvida. Após algum tempo, Marlene olhou para o lado, viu a cena e, desesperada, chamou a atenção das pessoas para mim.

Infelizmente, as dirigentes da sessão kardecista apavoraram-se, demonstrando desconhecimento sobre o assunto da mediunidade e incorporação na infância. Gritavam repetidamente: "Criança não pode incorporar! Meu Deus! Acudam!". Arrastaram meu corpo até a mesa de trabalho e eu não me lembro de mais nada, sequer de ter chegado em casa.

Não recebi explicações sobre o que acontecera comigo, nem no centro e nem em casa, mas compreendi perfeitamente que uma entidade em estado de negatividade tomou o lugar da minha alma no meu corpo. Era um espírito animalesco, adulto, masculino, de porte grande, e sua consciência não era plena.

Muitos anos depois, indaguei minha mãe sobre o ocorrido naquela data e o relato dela foi similar às minhas recordações. Contudo, acrescentou um dado desconhecido: que no momento em que eu estava sentada na mesa (inconsciente) ela encostou em mim e a temperatura do meu corpo estava elevadíssima, perto dos quarenta graus. E é interessante notar que ela se refere ao evento dizendo: "Foi o dia em que você passou mal".

O outro lado do mar (1977)

Na casa dos meus pais, a prole era destinada à cama cedo, por volta das sete e meia da noite. E até constituir o próprio lar e ter liberdade para definir o horário do meu repouso, aquele era um mau momento. Da mesma forma que costuma acontecer com a maior parte das crianças, às vezes não tinha sono para dormir de imediato, acabava sendo remetida a uma quietude torturante e sentia medo do completo breu.

Então, numa dessas noites, o cansaço exerceu o seu domínio e eu adormeci instantaneamente. Estava vivenciando uma experiência fora do corpo. Encontrei-me sentada de frente para o mar, na escuridão da noite iluminada pela luz do luar. Observava de perto o vai e vem das ondas, a brisa, o cheiro, o som, o lugar, tudo me envolvia. Éramos somente o mar e eu, nada mais existia.

Então, a água iniciou um movimento vertical, de baixo para cima, que aumentou gradativamente até atingir sua força máxima. Meus olhos não piscavam e diante deles surgiu uma mulher com características da entidade que conhecemos no Brasil como Iemanjá. Não era exatamente a sua imagem corporificada, mas, sim, um tipo de personificação das águas salgadas traduzida numa forma feminina de cor azulada, cabelos compridos, rosto sereno e forte presença.

As ondas se movimentavam no ritmo do vento, que soprava sobre a superfície oceânica. Próximas da areia, elas se dobravam e se quebravam. Em meio àquela sinuosidade, Iemanjá deixava as águas e seguia em direção à areia, onde eu estava. Vinha de braços abertos e das palmas das mãos fluíam intensas corredeiras prateadas. Enquanto caminhava em minha direção, eu olhava-a fixamente, absolutamente maravilhada, hipnotizada com tamanha beleza. Quando estávamos muito próximas e nossos corpos se tocaram, retornei ao meu lar e à materialidade instantaneamente.

Figura 2 – A moça do mar
Fonte: Hoger (2021)

Da minha cama vi que o quarto estava todo iluminado de azul turquesa e toda aquela luz se condensou numa pequena forma circular da mesma cor, que passou a girar ao redor das quatro paredes. Em seguida, gravitou sobre cada uma das minhas duas irmãs que dormiam, depois sobre mim, dos pés à cabeça, por mais tempo. Por fim, a luz azul deixou meu quarto, dirigiu-se ao corredor, onde eu podia ver da minha cama. Entrou no lustre do teto e desapareceu. De imediato, a luz que iluminava o corredor passou à cor anterior, amarelada, incandescente, e o quarto voltou à escuridão.

Esta foi uma das experiências mais lindas que vivenciei em toda a existência com a espiritualidade, quando tinha a idade de treze anos.

3.2 EXPERIÊNCIAS DE DAR MEDO

Precognição de morte (1980)

Estava com quinze anos quando fui canal de um inusitado aviso sobre a morte de um parente muito chegado: um tio. O processo premonitório foi diário e durou uma semana.

Na madrugada de dezenove de fevereiro de 1981, acordei sobressaltada depois de ter um pesadelo tremendamente assustador. Tão logo abri os olhos, ouvi uma voz masculina dizer: "Daqui a sete dias uma pessoa próxima vai morrer". O quarto estava num absoluto breu, dentro do qual se destacavam os números vermelhos, reluzentes, de um rádio relógio que ficava sobre a escrivaninha. Focando a visão, observei o número três repetido três vezes (3:33). O aviso de morte, a energia densa, a escuridão, o silêncio, a madrugada e as três repetições do número três deixaram-me a sensação de peso na alma, mas logo voltei a dormir.

Na madrugada seguinte tive um pesadelo diferente e despertei sobressaltada com a voz masculina a dizer: "Daqui a seis dias uma pessoa próxima vai morrer" e todo o resto se repetiu: sentimento de pesar, escuridão e os números três, três, três (3:33) estampados de vermelho no visor do rádio relógio, tornando tudo ainda mais assustador.

As quatro noites subsequentes foram semelhantes às duas primeiras, com os pesadelos tenebrosos, os anúncios da morte em contagem regressiva, negror, amargura e o horário das três e trinta e três da manhã no mesmo rádio relógio.

No sétimo e último dia, diferentemente dos demais, o sonho mostrava um dia claro, uma porta de vidro canelado e a silhueta de uma mulher vestida de vermelho, com trajes similares aos de uma cigana. Ela dizia em tom agressivo, tentando atravessar a porta, socando-a e esmurrando-a: "HOJE É O DIA EM QUE A PESSOA VAI MORRER. EU VIM LEVÁ-LA!". Ao retornar à escuridão do quarto, visualizei novamente os números três, três, três (3:33) no relógio e ali permaneci sem conseguir pegar de novo no sono. Internamente, eu tinha certeza de que uma pessoa muito próxima morreria naquele dia, mas não fazia a menor ideia de quem seria e tampouco podia fazer qualquer coisa para evitar.

Levantei cedo da cama, carregando a aflição no peito. Não havia pessoa com quem pudesse dividir aqueles conflitos. Quem me levaria a sério? No meio da manhã resolvi telefonar para a minha melhor amiga, pedi que fosse me ver e, tão logo a Pietra chegou, passamos a conversar, de modo que esqueci, em parte, o desassossego. Em torno das treze horas, o telefone tocou e um irmão atendeu. Eu estava ao lado, na cozinha, e ao prestar atenção à ligação fiquei sabendo que um tio materno tinha acabado de falecer em decorrência de um infarto fulminante.

Sete anos mais tarde, tive uma longa experiência fora do corpo com o parente falecido. Era madrugada e estávamos em meu quarto com a luz acesa. Ele usava trajes ciganos: calça preta e blusão vermelho. Mostrava-me um livro de capa escura, de couro, contendo páginas de papel branco, todas escritas com a grafia de um alfabeto antigo, em letra preta. Fixei os olhos nas páginas que ele abria, folheava, revelando algo sobre elas. No entanto, desconheço as letras e não fui capaz de lê-las. Depois de fechar o documento, ele se aproximou e mostrou um punhal comprido, com a lâmina de metal prateado, cabo preto, cuja ponta tinha o formato de três gomos, como o naipe de paus. Segundo o que relatava, o infarto que sofrera fora provocado por aquela mesma arma cortante.

Não pude compreender na época, em 1988, o sentido do encontro e das revelações. Hoje, ainda não consigo atribuir-lhes sentido, mas, devido aos elementos da experiência (vestes, livro, punhal,

Os ambientes (1985)

Há lugares onde jamais pisarei de novo! Mônica era uma amiga bem mais velha, a quem eu queria ajudar a se recuperar. Presunções juvenis! Ela era uma mulher *errante*, totalmente sem chão, sem *norte* e movida pelo álcool. Mônica se separou e foi morar só num pequeno apartamento de um prédio barra pesada, situado na Praia de Botafogo.

Cruzar a portaria daquele lugar era semelhante a atravessar um portal que iria dar diretamente no inferno. Qualquer pessoa seria capaz de captar as baixíssimas vibrações dali e que, certamente, vinham de moradores, acontecimentos antigos e atuais, de tudo que circulava por lá. Recordo-me de que sentia intenso medo de ficar sozinha naquele imóvel, coisa que não se repetia em outros lugares.

Um dia dormi lá. Meu colchão foi colocado num canto, de frente para a porta. Do lugar dava para ver também a entrada principal. O colchonete de Mônica estava a uns dois metros do meu e uma luz branda era mantida acesa na minúscula cozinha. Eu dormia quando fui acordada pelo barulho de uma chave tentando abrir a porta. Preocupada, mantive os olhos semicerrados e fingi dormir.

Vi a porta abrir e entrar um homem velho carregando um *estojo case* para instrumento de corda. Ele caminhou pelo apartamento e guardou a caixa numa prateleira que havia no alto da sala, sendo que na decoração de Mônica aquele espaço não existia. Então, ele veio até o quarto onde estávamos, parou na porta e ficou a nos olhar. Eu continuava a fingir que dormia. Sabia que ele não deveria saber de mim, enquanto eu o observava disfarçadamente.

Ele era um homem de pele clara, parecendo medir um metro e oitenta e pesar uns oitenta quilos. Os cabelos eram grisalhos, na faixa etária dos setenta anos. Usava um terno marrom, sendo que o paletó era de tom mais claro que a calça. Sua expressão era dura, severa e tinha um ferimento redondo, grande e avermelhado na testa, do lado esquerdo, que parecia sangue coagulado. Creio que o machucado foi causado por um golpe, pancada, tendo sido o motivo da sua morte.

Figura 3 – O outro morador
Fonte: Hoger (2021)

O homem foi até o banheiro, acendeu a luz, abriu a torneira da pia, caminhou até a cozinha, mexeu numa coisa, n'outra e voltou ao quarto. Nesse momento, eu estava sentada aos pés do colchão e ele podia ver-me a olhá-lo. Não me recordo como foi a passagem entre estar deitada e sentada.

Ele gritou:
"O que vocês fazem aqui na minha casa?!".
"Esta casa não é sua. É da Mônica" – respondi.
"Esta casa é minha! Quero que saiam daqui! Agora!".

De fato, apesar de ser o mesmo espaço, a decoração era diferente, a mobília era outra, a iluminação era mais tênue e parecíamos estar numa época passada. Fiquei a observar seu comportamento colérico, a esbravejar. Pela minha percepção, ele estava morto e não sabia. Então, o homem disse: "Eu vou fazer mal a ela!" (apontando para Mônica). "Não!" (gritei me lançando sobre ela).

O homem tinha se transformado num tipo de campo elétrico com várias camadas que se interligou a mim, transmitindo fortes descargas, como um choque de alta voltagem e longa duração. Caí paralisada, assim que ele e o campo desapareceram.

Após isso, estava de volta ao *presente* daquele lugar e Mônica continuava a dormir, alheia aos últimos acontecimentos. O apartamento voltou a ser o que era, mas eu continuava paralisada e só conseguia mexer os olhos. Passei a rezar intensamente enquanto arrastava, com muita dificuldade, meu corpo até onde Mônica se encontrava. Ao seu lado, comecei a emitir sons continuados, já que não podia falar, e, com o tempo ela acordou. Sem entender o que estava acontecendo, minha amiga começou a me sacudir até que saí do estado de paralisia aos prantos.

Com a experiência, entendi que nos ambientes por onde circulamos e vivemos existem campos energéticos e/ou dimensões diversas que tanto interferem no nosso espaço quanto são influenciados por nós. Os aglomerados de residências, comércios, pessoas e acontecimentos são agentes que influenciam o meio todo o tempo e são igualmente suscetíveis às ações externas, o que requer atenção e cuidado. O relato a seguir serve como outro exemplo para essas reflexões.

Figura 4 – Campo elétrico da raiva
Fonte: Hoger (2021)

Eu morava num aprazível apartamento na Zona Sul do Rio e no Carnaval de 2009 viajaria para outra cidade. Tão logo confirmei a viagem, uma colega que morava fora, Neide, pediu que lhe alugasse o imóvel naquele período e eu aceitei. Ficariam dez pessoas. Combinamos que não seriam utilizados álcool, drogas e cigarro, não haveria bagunça no apartamento e dependências do prédio. Minha casa deveria ser devolvida devidamente faxinada.

Quando retornei de viagem já era noite. Assim que abri a porta percebi que a energia do lugar estava densa. A limpeza fora feita superficialmente. Ao percorrer os cômodos, encontrei garrafas de cachaça pela metade, várias latas de cerveja vazias jogadas pelos cantos, pontas de cigarro, e o odor era ruim. Tive que arrumar toda bagunça porque o combinado não tinha sido cumprido. Depois da limpeza que fiz tudo tinha melhorado e eu preparava-me para deitar, logo depois de colocar meu filho na cama, no quarto dele.

Fiz minhas meditações e adormeci, mas acordei pouco tempo depois com a movimentação que havia no local. A luz do banheiro estava acesa, a torneira aberta e alguém andava de lá para a sala, entre os dois quartos. Objetos eram remexidos, coisas caíam no chão, eram gritados xingamentos. Então, eu falei: "Neide, você está aí?". Rapidamente, entrou em meu quarto uma mulher bem alta e forte, mulata, cabelos mal presos, maltrapilha, agressivíssima.

"O que faz aqui?", perguntei. De imediato, a mulher correu em minha direção, pegou-me, levantou-me e me atirou contra a parede. Mal eu caía e os espancamentos reiniciavam. Sem conseguir lutar contra ela, concentrei-me e pedi ajuda espiritual, perdendo os sentidos logo em seguida. Acordei com meu filho me sacudindo e me chamando. Abri os olhos e vi os olhos dele a me observar:

"O que foi meu filho?". Ele respondeu: "Mamãe, posso dormir aqui do seu lado? Tem sombras no meu quarto".

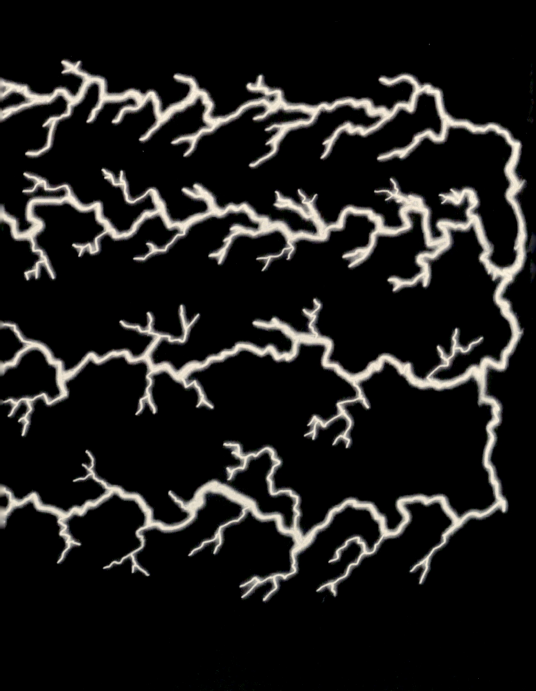

Figura 5 – No meio do céu
Fonte: Hoger (2021)

O espírito de uma *moradora de rua* habitava minha casa. O quadro obsessivo que vinha passando, deixado por Neide e seu grupo, perdurou por mais de uma semana e, a cada dia que passava, era notável o meu rápido enfraquecimento. Então, no décimo dia de sofrimento, vivenciei algo inusitado.

Após adormecer, vi-me deitada de bruços, no interior de uma nave pequena, prateada, que estava parada no meio do céu. Lá de dentro era possível ouvir a voz de um homem que vinha de fora e ele falava uma língua estranha, similar ao alemão, que eu não conseguia compreender.

Naquele momento senti a presença de uma pessoa nas minhas costas. Era uma mulher, porém não consegui vê-la. Apenas senti sua energia, enquanto suas mãos passeavam pela minha coluna. Seus dedos eram longos, finos, delicados e transmitiam confiança, mas como tinham sido muitos os encontros com o ser negativo, pensei que seria morta naquele instante e senti medo. Nossa comunicação era telepática. Ela conseguia captar meus pensamentos, sentimentos e me respondia: "Não seja boba!".

Senti a mulher segurar minha cabeça com as duas mãos, girando-a para o lado esquerdo, forçando-me a ver lá fora. Foi quando eu percebi que estava no meio do espaço sideral, entre as estrelas. A vista dali era absolutamente deslumbrante.

Imersa no céu, foquei a mente na voz que parecia palestrar e fui capaz de entender as palavras do homem que falava desde o início. Ele dizia: "No futuro, todas as pessoas serão como você, terão as mesmas experiências e irão muito além. Não é necessário ter medo. São as experiências humanas. Nesse momento, muitos ainda não estão preparados. É preciso tempo".

Entendi a mensagem e relaxei, abandonando, totalmente, os receios. A tranquilidade passou a me habitar. Um tempo depois, senti meu espírito começar a flutuar e a descer e eu fui levada ao meu quarto, deitada, de bruços, até adentrar o corpo, na cama. As mãos daquela mulher tocaram pontos das minhas costas com precisão, desde a nuca até o cóccix, e eu adormeci. Acordei para meus compromissos com apenas uma hora e meia de sono e sentindo-me perfeitamente revigorada.

Ana Paula Cavalcantte

Compreendi que o grupo do espaço tinha providenciado a retirada da moradora indesejável e tudo voltara ao normal no apartamento.

Emprestar a casa de novo para desconhecidos? Nunca mais.

Na iminência de um assalto (1998)

Há alguns anos estava na Praça Mauá e me dirigia para Copacabana. Peguei um ônibus no ponto final e ele estava quase vazio. Sentei-me na frente, à direita do motorista. Liguei o *walk man* e fiquei a ouvir música com fones de ouvido. Adoro fazer isso.

Na metade da Avenida Rio Branco, uma via bem movimentada do centro do Rio, o coletivo já estava cheio e havia passageiros em pé. De repente, meu corpo tensionou e eu passei a ouvir (telepaticamente) comandos através da voz de uma entidade masculina: "Discretamente, tire os fones e guarde o aparelho na bolsa. Retire joias. Não deixe a bolsa à mostra. Coloque os óculos escuros. Mostre-se distraída. Não olhe para o homem que está de pé a sua frente!".

Havia uma forte sensação de perigo e, ao mesmo tempo, uma vontade de olhar para onde não devia. Fiz isso. Vi um homem negro, de mais ou menos trinta e cinco anos, forte, bonito, alto, usava jeans e um colete preto sobre uma blusa clara, com profissões escritas em letras brancas (gasista, bombeiro, eletricista, hidráulica etc.). Ele depositou no chão uma maleta de couro preta, própria para o armazenamento de ferramentas.

O homem percebeu que eu o observava, fixou os olhos em mim e eu retirei os meus, passando a vislumbrar o lado de fora do ônibus, enquanto conflitos com a situação vinham à mente: devo confiar no que ouço ou estou sendo movida por algum tipo de preconceito?

O suposto meliante era um intrigante sujeito de percepção refinada e podia me sentir. Eu intuía isso. A sua presença era forte e havia um tipo de conexão entre nós, por esse motivo o meu olhar era atraído para ele e o dele para mim. A pessoa que *falava* em minha mente dizia que ele não podia ver os meus olhos, pois, saberia quem eu era: alguém que descobrira suas intenções, o que seria desastroso.

Nessa altura, o ônibus saía da avenida principal e entrava no Aterro, um local onde não há semáforos e os veículos costumam seguir diretamente do Castelo para a Praia de Botafogo durante muitos quilômetros. Como um personagem que adentra a cena de um filme de ação, aquele homem sacou um revólver e anunciou um assalto. Ele transformou-se numa fera e não estava sozinho, havia um comparsa ao lado do motorista.

O bandido disfarçado de trabalhador meteu a mão no bolso de um idoso que estava próximo dele, retirou um bolo de dinheiro e, em seguida, a dupla saiu *limpando* os passageiros. Eu me mantive tranquila, olhando a paisagem de fora, conectada com a voz, para que todos saíssem ilesos e, estranhamente, eles não me abordaram. Alguns metros depois, os ladrões mandaram que o motorista parasse o ônibus, ambos desceram e tudo acabou.

Sexo e plano espiritual (1998 a 2014)

Numa noite de maio de 2013 sentia-me muito cansada. Enquanto a família assistia à televisão, acabei por pegar no sono. Um tempinho depois acordei e chamei a atenção para que desligassem a TV e fossem dormir. Apaguei a luz e voltei a me aninhar na cama, entre vários travesseiros, entregando-me à maravilhosa sensação do adormecer.

O ambiente ficou escuro e silencioso. Eu flutuava para fora do corpo quando percebi o movimento de alguém próximo a mim. Fui atacada por um espírito que me imobilizou, prosseguindo com uma relação sexual forçada. Tentei fugir daquele contato gritando por ajuda, mas ninguém podia me ouvir, já que eu não estava no corpo físico. O sujeito que me invadia para o seu prazer sexual passou a tocar minhas zonas erógenas, uma a uma. Senti a penetração, seus movimentos, depois, seu afastamento e o meu retorno ao corpo.

Passo por situações desse tipo desde 1998 e esta é a experiência sensitiva mais difícil de ser vivida porque produz sentimentos terríveis: de invasão, de medo, de impureza, de humilhação, de vergonha. Tornam-se ainda mais difíceis por ocorrerem no plano não físico e sem explicação sobre o motivo. Por outro lado, como resolver a questão? Procurei e nunca encontrei um único lugar onde o assédio sexual espiritual fosse explicado e resolvido.

Anos atrás, quando as investidas eram bastante frequentes e eu estava num estado de progressivo enfraquecimento, procurei ajuda em instituições espíritas/espiritualistas que costumam oferecer orientações ao público. Surpreendentemente, pude perceber que os médiuns a quem consultei mostraram-se assustados com a questão que eu levava e faziam considerações inconsistentes que, mesmo não vendo coerência, acabei seguindo, e de nada adiantaram.

Algumas das orientações que recebi foram: "Você não pode dormir sozinha numa cama de casal"; "Não durma sem calcinha"; "Você deverá riscar cruzes de giz branco no seu corpo todos os dias antes de ir dormir"; "Tome banhos de ervas"; "Você deverá confeccionar e dormir com um travesseiro de pano branco preenchido com elementos naturais que impedem investidas de mortos", entre várias outras sugestões. Além disso, recebi pareceres que atribuíam a culpa dos eventos a mim, alguns dos quais diziam que eu estaria praticando pouco ou muito sexo no dia a dia, porque eu devia ter tido muitos homens em vidas passadas, pelo fato de ter cometido maldades ou ter diversos inimigos etc.

Como tudo passa, em 2020 completou seis anos sem as tais investidas sexuais.

Suicídio (2009)

O ato de uma pessoa tirar a própria vida é um fenômeno presente em todas as sociedades, classes sociais, sexos e idades, e tem acontecido ao longo da história. A questão é justificada por inúmeros fatores, que vão da presença de patologias às características sócio-históricas de um tempo e lugar, das quais se ocupam ciências como a psiquiatria, a psicologia, a sociologia, a antropologia e outras. Como psicóloga faço uma leitura do fenômeno, a científica. Como sensitiva faço outra leitura, que se baseia em experiências pessoais.

Como qualquer um neste mundo, já atravessei momentos bastante áridos, mas a dinâmica da vida, a constante transformação de mim e de tudo que me cerca, dá-me a certeza da efemeridade de todas as situações, inclusive as do sofrimento. Além disso, gosto das melhorias internas resultantes da travessia e resolução da dor. Sendo assim, nunca pensei em suicídio, mas já passei por estranhas ideações suicidas que foram percebidas após sair delas como um tipo de hipnose ou sugestão externa.

Numa manhã acordei bastante melancólica e essa sensação não tinha motivo. Sentia-me bem no dia anterior. Levei meu filho à escola de bicicleta; dei duas voltas na Lagoa Rodrigo de Freitas, Rio de

Janeiro; comprei pão quente; voltei para casa, tomei café e iniciei meu trabalho no computador. Estava escrevendo minha tese de doutorado. Ainda que estivesse cumprindo minha agenda diária, percebia um mal-estar, um tipo de angústia profunda na alma. Em minha mente só havia pensamentos de desolação e desesperança – que não são característicos meus.

No início da tarde decidi iniciar uma faxina em casa, pois lidar com limpeza e conviver em ambientes limpos sempre geram em mim uma sensação agradável, de felicidade e paz. Quando finalmente cheguei ao último cômodo, meu quarto, senti a angústia apertar mais e passei a ouvir uma voz que se comunicava telepaticamente, dizendo:

> A única maneira de você se livrar definitivamente dessa angústia é fazendo o que vou dizer. Hoje, na hora de dormir, faça uma mamadeira para o seu filho, deite ao lado dele e conte uma história até que ele adormeça, como de costume. Então, prepare uma bebida para você e adicione veneno a ela, o mesmo que você terá colocado na mamadeira. Os dois dormirão e não sentirão mais nada, absolutamente nada. Tudo de ruim passará.

Ouvia o passo a passo do que deveria fazer e aquelas palavras não paravam de soar em minha mente, enquanto visualizava as cenas das mortes. As sugestões misturavam-se aos meus pensamentos de forma hipnótica, de modo que era difícil identificar o que era meu e o que não era. Ao mesmo tempo, analisava aquele turbilhão de ideias absurdas e rompi o elo que estava existindo com aquela energia. Dirigi-me à janela, de onde eu podia ver o Cristo Redentor.

Entendi com clareza o processo em que tinha estado, emocionei-me ao olhar aquela paisagem, que é um magnífico cartão-postal carioca, ainda mais porque estava anoitecendo. O Cristo estava começando a se iluminar de verde claro, o céu estava ganhando um tom azul turquesa e as estrelas começavam a brilhar. Eis que estava de frente para a beleza da vida e eu adoro admirá-la!

Figura 6 – O Cristo da minha janela
Fonte: Hoger (2021)

Fui buscar meu filho na casa de um amiguinho da escola sentindo-me feliz e agradecida por esta existência tão mágica, generosa, que me proporciona tanto. Amo a dinâmica da vida e sempre sonhei com a maternidade. Como aquelas ideias podiam ser minhas? Não eram. Como programar e produzir um suicídio e o assassinato do meu filho a quem eu tanto adoro? Dei-me conta de que estava sendo vítima de uma influência externa. Ela desejava as nossas mortes, no entanto, senti-me grata pela consciência disso.

À noite, encontrei em um livro a seguinte citação:

> [...] o homem, criatura complexa que é formada de corpo e alma, não sofre apenas as influências do meio físico em que vive, quais o clima, o solo, a alimentação etc., mas tanto ou mais as influências da psicosfera terrena, ou seja, das entidades espirituais – boas ou más – que coabitam este planeta (os chamados anjos ou demônios), as quais interferem em seu comportamento em muito maior escala do que ele queira admitir [...][222]

3.3 EXPERIÊNCIAS CELESTIAIS

Morte e luz: minha EQM (1985)

Com dezoito anos comecei a trabalhar numa empresa do ramo da construção civil. Lá havia um colega vinte anos mais velho, o Rafael, que costumava ligar para meu ramal a fim de confabular. As conversas geraram um convite para o cinema e acabou despertando em mim a primeira paixão. Entretanto, após um ano, percebia que os contatos eram descontinuados e estranhos: havia chamadas, agendamentos e confissões amorosas. Ao mesmo tempo, nada acontecia e na hora marcada nossos encontros não davam certo.

Eu detectava algo de errado no ar e me sentia bastante infeliz. Numa noite, depois de questionar seu comportamento com maior ênfase, Rafael acabou revelando que era casado e que ganhava dinheiro com prostituição. Disse também que se aproximou de mim com a intenção de utilizar-me em programas eróticos, visando ao lucro. Porém, um fato inesperado ocorreu: ele se apaixonou e desejava viver um amor

---

[222] CALLIGARIS, Rodolfo. *As leis morais*. Rio de Janeiro: Federação Espírita Brasileira, 2010, p. 10.

paralelo comigo. Estávamos num carro em frente ao edifício onde eu morava quando as revelações foram feitas. Sem saber o que pensar e sentir, abri a porta, corri para casa, tomei um banho e me deitei, ficando incomunicável durante vários dias.

Rafael, que na verdade era Roberval, telefonava insistentemente para minha casa. Tão logo reconhecia sua voz, desligava o telefone. A mentira costuma perfurar minha alma. Prefiro qualquer verdade direta e dolorosa às mentiras e omissões *cuidadosas*. Sentia como se aquele homem tivesse me roubado a inocência, a alegria, transformando, ao mesmo tempo, meus sentimentos mais puros em fel. Com o passar dos dias, a tristeza profunda acabou por trazer uma grave crise de asma.

Era uma manhã de sábado e eu trabalhava quando percebi a visão escurecer; já não conseguia mais me locomover, nem falar. Estava bastante debilitada e pedi ao meu *office boy* que telefonasse para minha casa para avisar que estava retornando e que um pneumologista devia ser levado até lá com urgência. Tínhamos um vizinho especialista no andar de baixo que já me tratava.

Como casa e trabalho eram próximos, cheguei minutos depois, tendo sido conduzida à cama de meus pais. Estava a minha mãe do meu lado esquerdo e o médico à direita.

Eu parecia estar anestesiada, mas observava minha mãe aflita e a atuação do médico, que parecia muito nervoso. De repente, vi-me no teto do quarto, flutuando de barriga para baixo. De lá via meu corpo e as pessoas, em desespero, ao redor.

Eu tinha morrido e sabia disso. A sensação era boa e a paz começou a invadir-me suavemente, enquanto tudo era deixado para trás. Vi surgir uma passagem à minha direita, um túnel escuro e, logo depois, uma grande luz dourada dotada de inteligência à frente do meu *corpo*. Aquele ser me era familiar, já tínhamos estado juntos. Podia sentir que ele me conhecia por completo e compreendia profundamente o meu ser, cada dor, cada imperfeição, cada limite, cada erro que tinha cometido na vida. Também, as minhas emoções, sentimentos verdadeiros e todas as belezas que moravam na minha alma.

Figura 7 – Minha EQM
Fonte: Hoger (2021)

Não existiam o peso do pecado, os julgamentos e condenações frequentes dessa vida, que sempre são superficiais e injustos, mas aceitação plena de mim. Ali eu sentia que estava na presença de alguém de evolução espiritual superior à minha, mas que se colocava no mesmo nível de entendimento das coisas. Sentia ser Jesus, apesar de nunca ter sido ligada àquela figura. Dele vinha um amor incondicional tão intenso que seria impossível a sua descrição em palavras.

Então, telepaticamente ouvi sua voz perguntar-me: "Você quer vir comigo ou prefere ficar?". Olhei para baixo, voltei à cena da minha morte e fiz uma profunda retrospectiva dos meus então dezenove anos de vida em poucos segundos. Os acontecimentos mais importantes passaram velozmente pela minha mente e meu raciocínio era claro e seguro. Estava ciente de tudo e de todos que deixaria para trás, tinha plena consciência das perdas e do que aconteceria ao meu corpo. Contudo, respondi que queria ir com ele, e estava certa da escolha que estava fazendo.

A personalidade masculina presente na luz dourada riu da minha firme decisão, como se falasse: "Você não sabe de nada. Valerá a pena viver sua vida!". Nesse momento, fui absorvida para dentro da bola dourada. O homem envolveu todo o meu ser, abraçando-me com um amor nunca sentido antes. Viramos uma só pessoa e, em seguida, perdi os sentidos. Despertei com um forte incômodo *gelado* no braço direito, que era resultado da injeção que estava sendo aplicada na veia. Havia retornado ao corpo, trazendo comigo a sensação do verdadeiro amor, absolutamente inesquecível e transformador.

Nem minha mãe, nem o médico fizeram qualquer comentário sobre o ocorrido. Depois, fui encaminhada à internação. Assim que pude, perguntei ao *pneumo* sobre o que tinha se passado naquela hora. Ele confirmou a morte clínica, sendo que fui ressuscitada graças à injeção aplicada na hora certa.

A morte, todo o desprendimento que senti diante dela e o contato com a luz deixaram na minha alma uma marca definitiva. Sofri uma profunda alteração em termos de quantidades e qualidades, em relação ao que existe dentro e fora de mim. Diria que minha visão de vida foi ampliada, minha necessidade de amor foi preenchida e tudo o que tem me vindo, desde então, tem sido lucro.

Curioso foi que várias semanas depois da Experiência de Quase Morte, meus pais me levaram até um espírita que morava no Méier, um bairro do Rio. Reproduzo o nosso diálogo durante o atendimento:

— Engraçado! Está acontecendo algo que nunca vi antes – disse, enquanto jogava os búzios. — Quantos anos você tem?

— Dezenove – respondi.

— Pois é! Ahm... Não consigo ver nada – disse ele. Aqui é como se você estivesse morta. Não existe futuro. Como pode ser isso?

— Mas é isso mesmo. Eu morri. – Fiz uma síntese do acontecimento.

— Como? Ah! Então é isso – o homem respondeu. — Olha, não vejo nada para você. Não tem o que dizer em termos de presente ou de futuro. Provavelmente, seu novo destino está sendo determinado agora. E por que você voltou, eu também não sei. O que vejo aqui é que sua vida acabou aos dezenove anos – ele concluiu.

O fenômeno Vida

Vida é luz (1997)

Ao longo dos meus anos de vida tive apenas quatro precognições relacionadas com gravidez. Todas elas foram iguais: a mulher estava nua, de frente para mim, a barriga era medianamente proeminente, condizente com uns cinco meses de gestação. Ela tinha expressão de plenitude e se encontrava no interior de uma luz intensa e dourada, de formato oval.

Nas quatro experiências reagi com surpresa e alegria ao observar a beleza das imagens. Também, ao fim, sempre teci comentários sobre o sexo do bebê que estava sendo gerado.

Minha irmã caçula casou-se e mudou-se para um país da Europa há muitos anos. Num dado momento da sua vida conjugal, ela e o marido decidiram abandonar os anticoncepcionais para que os filhos viessem. No entanto, o tempo passava e o bebê não vinha. Então, eles começaram a se mobilizar para a sua submissão a tratamentos da infertilidade. Vários exames foram realizados, nenhuma desordem foi diagnosticada, mas eles se sentiam desolados porque o desejo do filho não se concretizava.

No meio de uma tarde, durante um leve adormecimento, vi minha irmã da forma descrita anteriormente: grávida, feliz, plena, de frente para mim, nua e no interior de uma luz dourada. Eu olhava sua linda barriga com alegria e dizia: "Irmã, você está grávida!". Focava de novo

O CASO DE MONTSERRAT

sua barriga e continuava a falar: "É um menino!". Ao retornar ao estado físico, corri para o telefone para contar-lhe sobre o que tinha absoluta certeza que aconteceria: ela seria mãe.

Minha precognição não a animou, pois ela estava certa de que tinha qualquer incapacidade reprodutiva. Da minha parte não havia dúvidas sobre o sobrinho que estava a caminho. Passados alguns meses mais, recebemos a notícia da sua primeira gestação e, de fato, um menino foi dado à luz.

Figura 8 – A luz dourada da vida
Fonte: Hoger (2021)

Gravidez (2003-2004)

Passei por uma gestação em meados do ano de 2003. Os enjoos se restringiram aos refogados (alho e cebola), contudo, tive muita cólica durante as dez primeiras semanas e cheguei a ouvir de um ginecologista que estava em processo de aborto. As dores eram tão insuportáveis que não conseguia sequer andar de carro, pois sentia em meu corpo os pneus passarem nas mínimas irregularidades das pistas.

O quadro exigiu repouso durante o período de mais ou menos três meses, quando também eram frequentes as visões de espíritos aglomerados do lado direito da minha cama, que se estapeavam na tentativa de ocupar meu ventre, sobretudo nos dois primeiros meses. Era justamente nessas horas que a cólica doía de modo agudo, como se fossem facas a me perfurarem.

Outras experiências que tive anteriormente à gravidez reforçaram essa impressão de disputa de espíritos pela oportunidade de viver num corpo físico. Já estive em situação de exomatose, desdobramento, andando pelo recinto onde estava meu corpo adormecido. Lembro-me de ver diversos espíritos pulando sobre ele, no intuito de ocupá-lo, mas apenas eu conseguia me encaixar devidamente.

Estive a refletir sobre essas experiências. Concluí que a oportunidade de vir ao mundo é rara e de enorme valor. Creio que a maioria de nós não tem consciência da real importância do ato de viver, mesmo porque nossos valores sociais estão apoiados em conceitos materialistas demais para isso.

Há uma última história a respeito desse tema. Muitos anos antes da minha gravidez acontecer, eu intuía que seria mãe de um menino e não havia a menor dúvida sobre essa sensação. Não tive qualquer visão de luz dourada como a descrita antes, mas bem no início da gestação vi a criança em um sonho lúcido.

Na experiência, o tio morto décadas atrás se aproximava de mim e dizia: "Você está grávida de um homem e ele é um ser muito iluminado". Eu estava no portão de casa e, ao meu lado, havia uma cobra naja em contas douradas fincada na terra. Em seguida, via ao longe um menino na faixa dos sete anos, de cor parda, magro, esguio, de pernas compridas, corpo atlético e bumbum arrebitado, com os cabelos escuros, cacheados, penteados para a frente, de olhos grandes e brilhantes, que vestia apenas um *short* curto na cor branca e estava todo sujo de terra. A criança corria, em linha reta, na minha direção, retirava a cobra da terra, colocava-a num jornal que estava sobre minhas mãos, sorria e voltava fazendo a mesma trajetória. Dessa forma, pude vê-lo de frente e de costas.

Quando meu filho nasceu fiquei a observar se havia semelhanças com o menino do sonho. Não tinha. O bebê era de pele clara, o rosto redondo, cabelos medianamente castanhos, lisos, e eu sempre os penteava para o lado direito. Além disso, os traços do rosto eram diferentes e o formato do corpo não se parecia em nada com o visualizado.

Com o passar do tempo a sua aparência foi sofrendo grandes mudanças: a cor da pele ganhou um tom pardo, os cabelos escureceram e cachearam, seu corpo se modificou, ou seja, por volta dos sete anos ele tinha exatamente a aparência da visualização prévia. Um detalhe interessante: conforme ele foi se desenvolvendo e adquirindo autonomia motora, passou a pentear-se colocando os cabelos para a frente, apesar da minha preferência por colocá-los para o lado.

3.4 SOBRE A VIDA E A MORTE

Animais têm alma? (1997)

Eu não sei afirmar se os animais têm um espírito que caminha por dimensões como o meu, mas sei que há uma espiritualidade naquele universo que se interliga ao nosso, conforme mostra a história que vou contar.

Eu morava num local onde havia várias casas e colegas residiam nelas. Era tipo uma comunidade. Uma delas, Kátia, tinha uma cadela da raça pastor alemão de nome Filó que estava para ter filhotes, o que aconteceria na metade do mês de novembro. Numa tarde de sábado, no final do mês de outubro, Kátia tinha ido trabalhar e, algum tempo depois, Filó começou a rodear minha casa, dando sinais de estar sofrendo. Liguei para o veterinário e ele informou que o parto aconteceria dali a duas semanas, o que me tranquilizou.

Contudo, Filó continuou a me procurar, demonstrando aflição, dando-me a sensação de que a chegada dos bebês estava próxima. Voltei a telefonar para o veterinário para me informar sobre procedimentos de parto, deixando seu espaço devidamente higienizado e arrumado para uma eventualidade.

Por volta das vinte e três horas, Kátia voltou para casa. Informei-lhe dos últimos acontecimentos e, de fato, sete cachorrinhos nasceram no meio da madrugada. Participei dos cuidados, colocava-os nas tetas para mamarem, botava todos no colo de uma só vez, amava aquilo, enquanto os via crescendo, até que foram destinados à venda.

Apesar de os sete filhotes serem parecidos, eu os conhecia um a um. Existia uma forte ligação entre mim e o cachorrinho a quem eu chamava *Grandão*. Ele era o maior de todos, lindo, meigo, brincalhão, e me recebia com enorme festa sempre que eu chegava em casa. Brincávamos por horas a fio.

Um a um, os cãezinhos foram vendidos, até que só restou o *meu Grandão*, pois eu tinha pretensões de ficar com ele, mas era preciso refletir bem sobre o assunto, já que possivelmente eu me mudaria para um apartamento pequeno, o que seria incompatível com o porte de um pastor alemão adulto.

Passados dois meses, cheguei em casa e não fui recepcionada pelo meu cachorro. Kátia se aproximou e me comunicou que uma moça o levara embora naquela tarde. Ela disse não ter recusado porque estava com dificuldades financeiras e pensava que eu não poderia ficar com o cão. Fiquei profundamente triste, mas compreendi sua decisão.

Sonhei com o Grandão três semanas após sua partida. Eu estava na parte de baixo de uma montanha de terra erodida, que tinha um corte de formato retangular na metade de sua extensão, com área aproximada de um metro de largura e meio de altura. Fixava o olhar

naquele buraco e via o Grandão lá dentro, deitado de lado. O corpo estava rijo, morto. Chorei ao vê-lo, sentindo culpa, tristeza, e acordei sob o efeito das mesmas emoções.

Não fui trabalhar naquele dia. Não me sentia bem e faria as tarefas em casa. Encontrei Kátia no meio da manhã, perguntei se tinha notícias do *meu* cãozinho, pois tinha tido um sonho ruim com ele. Ela respondeu que nunca mais soubera dos filhotes.

Por volta das quatorze horas daquele mesmo dia, Kátia bateu na porta da minha casa dizendo que a moça que havia comprado o Grandão tinha acabado de telefonar comunicando que ele estava muito doente. Pedi que Kátia ligasse de volta combinando um encontro, pois eu os levaria de carro a uma clínica veterinária.

Pegamos a moça, que saiu com o cachorro no colo enrolado num paninho branco. Cumprimentamo-nos. Ela sentou-se na parte de trás do carro. Eu afastei o pano do rosto do Grandão e vi que ele tinha o olhar vago, o corpo estava flácido, estava praticamente morto, o que se consumou na clínica.

Tínhamos uma ligação de almas e nunca o esquecerei. Meu genuíno amor por ele nunca se modificou e ainda sinto meu coração doer ao me lembrar dele.

Figura 9 – O meu Grandão
Fonte: Hoger (2021)

Os estados da vida (1998)

Há duas décadas tive um sonho lúcido revelador. Demorei mais de treze anos para conseguir compreendê-lo completamente. Havia nele muitos homens japoneses e nós lutávamos durante longas horas, quase que por toda a noite. Às vezes, eu estava com um e nos batíamos intensamente; n'outra hora, eram quatro em cima de mim; depois, estava com dois deles e, assim, eu não parava de batalhar um só instante. Lembro-me dos pontapés, dos socos, dos meus cabelos desgrenhados. Defendia-me como podia e eles me prendiam, arrastavam-me, chuta-vam-me e me golpeavam forte. Eu estava passando por uma espécie de *teste* da vida.

Figura 10 – Cerimônia: os doze desafios da vida
Fonte: Hoger (2021)

Na segunda cena, eu surgia vestindo um quimono em duas cores, com uma faixa na cintura de uma terceira cor, e era levada até um cômodo onde iria participar de um ritual típico do povo japonês. Conduzida por um homem que coordenava a cerimônia, eu adentrava o ambiente quadrado e iluminado, onde se encontravam doze japoneses vestidos com quimonos, cada um de uma cor, representando os doze desafios que toda pessoa tem que vencer na vida. Eles estavam arrumados em três filas de quatro sujeitos, sendo que o homem mais próximo da porta e de mim foi o que mais chamou a minha atenção. Ele tinha as vestes completamente brancas.

Os outros onze japoneses curvaram-se para reverenciar-me, mas aquele não, apenas depositava sobre mim um olhar fixo. Telepaticamente, comunicávamo-nos, e ele dizia: "Eu sou a morte e ainda não tivemos nossa batalha, mas isso acontecerá no futuro e, então, eu também vou te reverenciar". Concordei. "Eu também lutarei com você, morte, e obterei êxito", respondi.

O sentido da mensagem foi compreendido, mas parcialmente. Entendi que a trajetória da minha vida envolveria intensas lutas. Venceria todas elas e seria reverenciada por meus feitos. Mas e quanto às modalidades das lutas? O que cada um dos japoneses representa? Tentando encontrar as respostas, segui pesquisando durante vários anos sobre os dez desafios da vida humana, deduzindo que, se o último sujeito era a morte e usava branco, o primeiro era o nascimento e trajava preto.

Cerca de duas semanas após a experiência, meu amigo Flávio e eu estávamos na estrada seguindo em direção a um distrito de Nova Friburgo, no estado do Rio de Janeiro. Eu conduzia o carro em alta velocidade. Gosto de correr e dirijo bem. Passavam curvas fechadas, uma depois da outra e, numa delas, vi o japonês que representava a morte surgir em pé sobre o capô do carro, olhando-me fixamente e impossibilitando a visão da estrada. Instintivamente, virei o volante para o lado oposto, o direito, jogando o carro para o acostamento. Flávio gritou de susto, sem entender o que acontecia, e, no mesmo instante, um enorme caminhão surgiu no sentido contrário, em alta velocidade,

trafegando pela contramão, na pista onde nós estaríamos. Ou seja, iríamos bater de frente e não é preciso imaginar qual dos dois veículos sofreria os maiores danos.

Mais de treze anos depois da data da vivência da luta com os japoneses, Carlos, outro amigo de longa data, que se tornara budista, foi me visitar. Na ocasião conversamos bastante sobre o assunto. Ele carregava uma pasta cheia de materiais que vinha estudando para uma prova de admissão como membro da religião *Nichiren*. Ao ver a grande quantidade de textos budistas, de imediato lembrei-me dos japoneses, dos testes e lhe perguntei se naquela bibliografia havia algo sobre os dez desafios do homem, da vida, ou coisa parecida. Ele retrucou: "Como você sabe disso?". Em seguida, respondeu que tinha, entregando-me o material sobre *Os dez estados da vida*.

O conceito de *Os dez estados da vida*, ou *Os dez mundos*, compõe a base da filosofia de vida explicada pelo Budismo *Nichiren*. A partir dessa concepção compreende-se que o correto direcionamento da complexidade existencial e a transformação da própria condição de vida estão ao alcance de todas as pessoas e no momento presente[223]. São eles:

Estado de Inferno – Condição de vida mais baixa entre os dez mundos que se caracteriza pelo domínio, pela opressão através dos sofrimentos e pela destruição de si mesmo e dos outros. A guerra seria o ápice deste estado.

Estado de Fome – Mais amplo que a necessidade de se alimentar. Representa a ideia fixa de realização dos desejos pessoais, havendo, em paralelo, uma incapacidade de satisfazê-los, o que escraviza a pessoa e pode destruir a própria vida.

Estado de Animalidade – O comportamento humano é movido pelo impulso, pela irracionalidade, amoralidade e submissão do outro, na busca desenfreada por interesses imediatos.

Estado de Ira – A pessoa que vivencia este estado possui consciência dos seus atos e se caracteriza como egoísta, manipuladora, arrogante, bajuladora, hostil, invejosa, briguenta, explosiva e demais.

Estado de Tranquilidade – O sujeito manifesta paz, serenidade, autocontrole, progresso pessoal, sabendo discernir o bem do mal.

---

[223] IKEDA, Daisaku. *Diálogo sobre a vida*. v. II. 1. ed. São Paulo: Brasil Seikyo, 1980;

Estado de Alegria – Está na realização dos desejos, principalmente dos mais nobres: o espiritual e a criação artística, que produzem alegria permanente.

Estado de Erudição – É uma condição de iluminação parcial, alicerçada em práticas budistas sobre si mesmo.

Estado de Absorção – É uma condição de percepção parcial dos fenômenos de transitoriedade da vida. É a consciência de que tudo no universo é passageiro[224] e se encaminha para a extinção.

Estado de Bodhisattva – Está na benevolência. É a conquista da percepção de Buda, e o ensinamento dela para a salvação de todos. Absorção e Bodhisattva costumam estar juntos, representando um único estado.

Estado de Buda – Representa alguém que compreendeu e alcançou a percepção da Lei Mística como a Lei Fundamental da Vida e do Universo, refletindo a felicidade absoluta, pelo simples fato de estar vivo, mas manifestá-lo em meio à realidade da vida diária é uma tarefa extremamente difícil. Por esse motivo, *Daishonin*, o Buda dos Últimos Dias da Lei, inscreveu o mantra para prática diária, o *Gohozon: Nam--myoho-rengue-kyo*, com o qual se pode alcançar *O Sutra de Lótus*, que representa o coração do Buda, a iluminação.

Os Dez Estados da Vida são complementados pelo trabalho dos *Quatro Sofrimentos Humanos*, que são inerentes à vida: envelhecimento (solidão), doença (agonia), morte (medo) e nascimento (início da manifestação kármica). Junto desses quatro elementos estão o vazio do desejo e a consequente sujeição às constantes mudanças, o que vem a confrontar o pensamento contemporâneo ocidental de que a pessoa existe separada do Universo, sendo possível viver de forma egocêntrica e materialista, baseada nos apegos pessoais e guiada pela indiferença ao sofrimento alheio[225].

O momento da passagem (2000)

Em torno do ano 2000, eu sublocava um consultório em Campo Grande, no Rio de Janeiro, administrado pelo Sr. Eurípedes: homem simples, rígido, metódico, ligado à família e aos bons costumes, religioso, evangélico ortodoxo. Ele era um observador de mim e sempre

---

[224] SANTOS, *Maria de Lourdes dos. Síntese do budismo*. 2. ed. São Paulo: Brasil Seikyo, 2003.
[225] IKEDA, 1980; SANTOS, 2003.

que possível me falava sobre a salvação oferecida pela aceitação do Jesus da sua Igreja. Eu respondia que não desejava aderir à religião dele e que tinha as palavras de Cristo como direção na vida.

O Sr. Eurípedes e eu mantivemos contato estritamente profissional durante um ano, sendo rompido quando ocorreu minha transferência para outra sala, um andar acima da dele.

Certo dia precisei ir ao prédio onde eu e Sr. Eurípedes trabalhávamos. Usei as escadas para chegar ao andar do meu consultório e encontrei-o no caminho. Ele me abordou:

— Doutora, a senhora tem um minutinho? Podemos conversar?

— Se for rapidinho, porque tenho horário.

— Apareceu um caroço na minha garganta. Eu estou nervoso. Pensei que seria bom se eu conversasse com uma psicóloga e gostaria que fosse com você. Será que pode me ajudar?

— Você já foi ao médico?

Ao observá-lo e visualizar o local para onde ele apontava, senti que havia malignidade e que seria fatal.

— Sim, iniciei as consultas e exames.

— O que foi dito ao senhor sobre o caroço?

— É... é... é maligno. Vou começar a fazer quimioterapia, mas estou com medo.

— Sim, qualquer um estaria assustado nessa situação.

— É... Mas, por outro lado, eu estou seguro. Já aceitei Jesus no meu coração e ele não deixará nada de ruim acontecer. Eu não vou morrer.

— O senhor fala da morte como se ela fosse uma punição àqueles que não são evangélicos. A morte é só uma das etapas da vida pela qual todos terão que passar. Não necessariamente isso tem que ser ruim.

Sr. Eurípedes olhou-me com os olhos arregalados, dizendo, em seguida:

— É, sim, doutora, mas quando a gente aceita Jesus, coisas ruins não nos acontecem.

— Certo. Olha, Sr. Eurípedes, pelo vínculo que a gente vem tendo nestes meses, eu preferia que o senhor procurasse outro profissional. Acho que vai ser melhor. Caso não encontre, telefone-me e a gente retoma a conversa, ok? Estimo as suas melhoras.

— Está bem. Obrigado.

Nós nos despedimos ali. Após alguns meses transferi minhas atividades para outro endereço e não tive mais notícias dele. Cerca de um ano e meio depois tive que retornar àquele local para uma reunião com amigas de profissão que ocorreria em uma manhã de sábado. Na madrugada daquele dia, em experiência extracorpórea, fui conduzida ao prédio, onde recebi a notícia do falecimento do Sr. Eurípedes e a incumbência de instruí-lo no momento da passagem por um ente espiritual.

Subi um lance de escadas, entrei em sua sala, vi-o de costas junto à janela, com as mãos apoiadas nela, e chorando muito. Posicionei-me ao seu lado. Quando ele me viu demonstrou surpresa e voltou a baixar a cabeça, em profundo desalento.

A paisagem vista pelo vidro da janela era diferente da realidade de Campo Grande. Havia o mar e rochas grandes ao longo das águas. Da direita para a esquerda, o cenário podia ser dividido em três partes: na primeira havia uma névoa bastante enegrecida, que começava a se dissipar no limiar entre essa e a segunda parte. Gradualmente, o meio ia se modificando do menos negro ao acinzentado, como um dia nublado e sem chuva. Na transição entre o meio e a terceira parte, os tons da paisagem iam se transformando e ganhando cores, como acontece no amanhecer até o momento em que o sol atinge o alto do céu, na extrema esquerda.

Nesse contexto, disse-lhe:

— *Sr. Eurípedes, o senhor acabou de falecer. Sabes disso, não é?*

Ele fez que sim com a cabeça e passou a chorar ainda mais. Continuei:

— *Olhe através da janela. A paisagem representa a sua vida a partir de agora. Aquela parte enegrecida, da direita, fala do seu momento final, do sofrimento que o acompanhou, que gradualmente será deixado para trás, quando atravessará àquela outra parte, central. Ali o senhor poderá enxergar tudo melhor, mas ainda carregará alguma dor, que também passará. Então, no futuro, sua existência ganhará alegria e luz, como a claridade da parte esquerda da paisagem. Não tenha medo, o pior já passou e o senhor se saiu muito bem. Agora eu tenho que ir. Chegarão umas pessoas para lhe conduzir. Não tenha receio. Não resista. Vá com elas. Tudo dará certo!*

Figura 11 – A morte de Eurípedes
Fonte: Hoger (2021)

De súbito, voltei ao corpo e ao escuro do meu quarto. Estava certa de que tinha estado com o Sr. Eurípedes e que ele acabara de falecer. Eram cinco horas da manhã do sábado. Mais tarde, antes de sair para a reunião que aconteceria naquele mesmo prédio onde estivera em espírito, comentei com pessoas da minha casa sobre a notícia da morte que obtivera de madrugada.

Quando cheguei ao prédio, cumprimentei os rapazes da portaria e fui diretamente à sala onde aconteceria a reunião. Não queria saber de qualquer notícia antes do trabalho. Ao sair, passando pelo *hall* dos elevadores, parei e perguntei aos porteiros se tinham notícias do Sr. Eurípedes, ao que eles responderam: "Infelizmente, ele faleceu durante esta madrugada".

Por mais que eu tivesse certeza do que havia acontecido, receber a notícia que confirmava o que vivi espiritualmente me fez perder o chão. No entanto, por outro lado, foi a certificação da veracidade de minha experiência fora do corpo.

3.5 TEMAS DIVERSOS

Precognição do cotidiano (1982 a 1993)

Mais ou menos entre os dezesseis e os vinte e cinco anos, com certa frequência eu antevia cenas e acontecimentos de alguns dos dias que iriam se iniciar, sempre durante a noite de sono. Naquela época, eu pegava o mesmo ônibus, diariamente, que me conduzia de Botafogo à Praça da Bandeira, Rio de Janeiro, num percurso entre minha casa e o trabalho. Relatarei três episódios.

Naquela manhã de quarta-feira do ano de 1992, ao acordar, a lembrança de acontecimentos vistos antecipadamente era bem nítida. No sonho, eu estava viajando na linha de ônibus 463 e saltei num ponto após o Túnel Rebouças, na Praça da Bandeira. Ao descer, vi diversas pessoas. Elas rodeavam um corpo caído no chão. Eu me aproximei e visualizei um homem morto por atropelamento, embaixo de uma passarela, próximo às escadas. Ele tinha meia-idade, era claro e usava um blusão de xadrez vermelho e preto com calças jeans.

Outro cenário teve início, no qual eu caminhava por uma rua e, no trajeto, passei por uma mulher jovem e negra que usava um vestido verde. Nossos olhares se cruzaram e sorrimos uma para a outra. Na terceira cena, eu estava no trabalho. O telefone tocou e, ao atender, ouvi a voz de uma amiga com quem não falava havia meses. Ela disse: "Ana? Cara, que bom ouvir a sua voz! Que saudade!".

Ao despertar, antes de sair de casa, registrei por escrito os detalhes do que tinha sido visualizado, pois eu sabia que tudo iria acontecer como num *déjà vu*. Ao viver as horas daquele dia, aconteceu tudo exatamente conforme antevisto: o trajeto de ônibus, a parada no ponto debaixo do viaduto da Praça da Bandeira, o aglomerado de pessoas em volta de um homem que havia sido atropelado, que usava um blusão de xadrez vermelho e preto, jeans e estava morto; a mulher vestida de verde, nossos sorrisos; o telefonema da amiga que não via há tempos, as frases ditas por ela. Cada coincidência produziu um impacto.

OVNIs (1993)

Os OVNIs existem? Creio que sim. Tenho a sensação de que os grandes pesquisadores e homens do poder, líderes das nações, têm conhecimento restrito sobre certos fenômenos da realidade humana que não chegam às massas, como é esse caso. Além disso, há testemunhos sobre a aparição de objetos voadores não identificados e de pessoas que não pertencem à Terra, mas quase ninguém acredita.

O universo é muito vasto e desconhecido para pensarmos que este é o único planeta habitado, o que foi reforçado por uma experiência inusitada pela qual passei há algumas décadas. Entre os anos de 1980 e 1990 morava num apartamento na Tijuca, Rio, que ficava no décimo quarto andar do prédio e sua janela dava para a Pedra da Babilônia. Nos horários livres, sobretudo de noite, gostava de ficar sentada na janela olhando a paisagem. Numa dessas noites percebi algo que, de relance, pensei ser um balão. Tinha o formato de um chapéu coco e era todo iluminado como se fossem lâmpadas incandescentes acesas. Fixei o olhar no objeto voador para acompanhar seu voo, quando observei que seu movimento não era o de ser levado pelo vento, como acontece com os balões, mas ele permanecia parado num ponto do céu e já havia algum tempo.

Estranhei mais ainda quando, instantes depois, o objeto começou a fazer deslocamentos retilíneos para o lado direito, parou, dirigindo-se, depois, para o lado esquerdo e assim sucessivamente durante um tempo até ficar estático de novo. Vi, então, faíscas coloridas verdes, vermelhas, azuis e amarelas saírem de sua base, como se fossem fogos de artifício.

Cessaram as faíscas e o OVNI começou a vir em minha direção, lentamente. A impressão que dava era que quem conduzia aquele veículo sabia de mim e, ao constatar que estava se aproximando dali, pulei da janela, saí correndo do quarto, desci as escadas e cheguei à sala onde estavam um irmão, sua namorada, e um primo. Fui à janela do andar de baixo que dava para a mesma vista do meu quarto e observei que o OVNI estava ainda parado num ponto do céu. Buscando testemunhas para o que eu presenciava, disse aos meus parentes:

— Gente, tem um disco voador aqui no céu. Vem ver. Corre!

O grupo começou a rir de mim, e eu continuei a dizer:

— Ei, eu falo sério. Cheguem aqui na janela. Estou vendo o disco voador. Ele está parado aqui. Por favor!

Todos gargalharam do anúncio que fiz e me chamaram de todos os sinônimos de "louca". Então, o OVNI se moveu e dirigiu-se para o lado esquerdo de onde eu estava. Enquanto o via voar atingindo alturas cada vez mais elevadas, num voo nunca visto antes, observei que dois outros objetos voadores iguais, mas em menor tamanho voavam atrás. Os três OVNIs seguiram em direção às montanhas do Sumaré e lá desapareceram.

Nunca mais vivenciei algo parecido, e arrependo-me de não ter permanecido no contato. O que teria acontecido? Os parentes que estavam na sala nunca mais tocaram naquele assunto, nem eu. Aliás, nunca relatei o acontecimento a qualquer outra pessoa. Imagino que ninguém acreditaria em mim.

Figura 12 – OVNI
Fonte: Hoger (2021)

Agora entendo. Está tudo certo (1999)

Tive um sonho longo e pesado numa manhã de sábado. Carregava nos braços um homem esquálido em processo de morte. Pedia ajuda às pessoas para salvá-lo, vendo minhas intenções frustradas. Dizia que ele seria absolvido rapidamente.

Em seguida, surgi num corredor tendo à frente uma mulher a me conduzir. Fui convidada a entrar num quarto, à direita, onde tocava uma música. Dançava ao seu ritmo enquanto uma mensagem era dita por uma voz feminina: "Ao longo da sua vida você presenciará guerras, tragédias, calamidades, violências, catástrofes, desastres climáticos, pestes, injustiças, mas no momento da sua morte (pausa), você verá que estava tudo certo".

No instante da pausa, meus olhos foram direcionados a um basculante com os vidros entreabertos, do lado esquerdo do ambiente, por onde eu pude ver parte de uma árvore alta, viçosa e de tronco grosso. Um facão desceu do céu girando e cortou-a ao meio de uma só vez. O som do corte foi bem audível.

Acordei sobressaltada e com o pressentimento da morte de alguém. Por outro lado, aquela foi uma anunciação da minha própria morte, que deverá ser similar ao corte do tronco: instantânea. O que estava por vir? Fiquei a pensar.

No começo da noite do mesmo sábado, uma amiga, Marta, foi me visitar. Voltara do México com presentes, fotos e mil assuntos. Lanchamos e ficamos a conversar lado a lado em um sofá. Ela mostrou as fotografias e contou detalhes sobre cada uma animadamente. De repente, senti um mal-estar súbito, um frio intenso. Passei os pés por trás das costas de Marta, puxei um cobertor e deitei-me ali mesmo. Ela estranhou a mudança repentina do meu estado e colocou a mão em minha testa, que estava queimando de febre. Com medo de um possível contágio, resolveu recolher seus pertences e retirar-se, deixando-me dormindo.

Algum tempo depois acordei com tontura, dor forte na cabeça e no abdômen. Caminhei lentamente para o quarto e deitei-me. Senti de imediato a presença de um espírito nas costas, que parecia puxar minha alma para fora. A sensação era horrível. Havia um desespero de ambos os lados. Aos poucos, adormeci, pois estava me sentindo bastante debilitada.

Figura 13 – A árvore da minha morte
Fonte: Hoger (2021)

Pelas quatro da madrugada o telefone tocou. Um colega atendeu, dizendo que eu dormia e estava adoentada. Sabia que alguém havia morrido, pois seu espírito estava colado ao meu corpo. Levantei, peguei o telefone e soube do falecimento de meu amigo Wagner, aos trinta e três anos, com os seguintes sintomas: febre alta, dor abdominal aguda e cefaleia, em decorrência do vírus HIV/Aids.

Naquela época, há vinte e dois anos, o aviso da voz feminina sobre futuros acontecimentos desastrosos me pareceu excessivamente dramático. Não lhe dei importância. Contudo, vi tudo o que foi anunciado ser noticiado e atualmente, encontro-me em reclusão social faz muitos meses em consequência da pandemia mundial provocada pela Covid-19.

No meu caminho existem mestres (1999)

Conforme tenho apontado ao longo deste livro, mantenho contato com forças dotadas de inteligência que se fazem ver, ouvir, sentir, tocar, e que parecem trabalhar em conjunto na construção de um caminho ideal para mim. Entendo assim.

Na maioria das vezes, mostro-me obediente às comunicações, mas houve vezes em que não lhes dei ouvidos e, por conta disso, fui prejudicada. Em cada estação da vida, quer seja leve ou pesada, quer eu erre ou acerte, forças espirituais estão amorosamente próximas, nunca julgando, condenando, mas apoiando, conduzindo, ensinando.

Antes da terceira regressão, a ser detalhada no próximo capítulo, eu era uma pessoa bastante relutante quanto às minhas habilidades e quanto às orientações espirituais que frequentemente recebia. Os episódios mediúnicos eram tão intensos que me chateavam e, por vezes, agia como acreditava que devia agir.

Lembro-me de uma situação de teimosia minha que ocorreu no início da escrita deste livro, num dia em que estava num quiosque no calçadão de Copacabana. Era outubro de 2011. Pedi água de coco e um saquinho de amendoim. De imediato, a voz avisou telepaticamente que o amendoim quebraria meu dente e que eu deveria devolvê-lo. Pensei ser aquela uma intuição fútil e, impetuosamente, segui em frente.

Pouco tempo depois, de fato, aqueles amendoins quebraram não só um, mas dois dentes molares inferiores, que me deram muito trabalho e prejuízo financeiro. O estrago foi tão grande que só não os perdi porque possuem três raízes.

Com o tempo descobri que as orientações espirituais usam todo e qualquer meio para atingir seus objetivos: pessoas, músicas, livros, programas de TV, sonhos, paisagens, intuições, como aquele pensamento que parece entrar na cabeça *incontinenti*. Quanto a esses episódios, vivi uma interessante experiência em 1999.

Fazia pouco tempo que eu tinha sido demitida de uma empresa em que trabalhei durante mais de quatro anos. A organização decretou falência devido a desvios internos irregulares de capital. Fui uma das últimas colaboradoras a sair. Presenciei a demissão e a partida de vários amigos, a desaceleração do ritmo do trabalho, o apagar de luzes. Aquele foi um momento em que senti enorme tristeza, sobretudo, porque eu era muito feliz ali.

Então, numa tarde, recebi a ligação de outra empresa marcando uma entrevista para o dia seguinte, na praia de Botafogo. Acordei às sete horas, liguei o rádio e estava me arrumando para sair quando começou uma música antiga, que não costumava mais tocar, mas que eu conhecia da época da minha adolescência: *Tente outra vez* (1975)[226].

> Veja
>
> Não diga que a canção está perdida
>
> Tenha fé em Deus, tenha fé na vida
>
> Tente outra vez
>
> Beba
>
> Pois a água viva ainda está na fonte
>
> Você tem dois pés para cruzar a ponte
>
> Nada acabou
>
> Tente
>
> Levante sua mão sedenta e recomece a andar
>
> Não pense que a cabeça aguenta se você parar

---

[226] SEIXAS, Raul. *Tente outra vez*. Rio de Janeiro: Phillips Records: 1975. Suporte (2:20 min).

Não

Há uma voz que canta, há uma voz que dança

Uma voz que gira bailando no ar

Queira

Basta ser sincero e desejar profundo

Você será capaz de sacudir o mundo

Vai

Tente outra vez

Tente

E não diga que a vitória está perdida

Se é de batalha que se vive a vida

Tente outra vez

Enquanto ouvia a canção, dava-me conta do quanto estava entregue a uma tristeza profunda advinda da demissão. Sabia que se tratava de uma etapa da vida finalizada e era preciso seguir em frente, no entanto, continuava fixada no passado. Compareci à entrevista e tão logo entrei no carro para deixar o local, liguei o rádio e a mesma música estava começando a tocar. Interessante era que eu ouvia a rádio todos os dias e estou certa de que aquela melodia não era executada com tanta frequência. Permaneci ali parada, deixando o som e a poesia me invadirem.

Por volta das vinte e duas horas, dirigia o carro pela Zona Sul do Rio e resolvi parar para caminhar na praia do Leme. Adoro o contato com o mar. Eu andava pelo calçadão com meus sapatos de saltos altos nas mãos, ainda carregando no peito a intensa tristeza quando vi um rapaz em situação de rua catando coisas nas lixeiras. Num determinado momento da marcha, ficamos lado a lado e, tão logo isso aconteceu, recomecei a ouvir a tal música, agora cantada por aquele homem.

Levei um susto porque era a terceira vez que a ouvia no dia. O sujeito começou a cantá-la quando ficamos emparelhados. Como podia ele estar cantando aquilo? Não era um sucesso do momento. O mais interessante foi que na frase: "Vai! Tente outra vez", ele apontou o dedo para mim, como que dando uma ordem.

Ao chegarmos ao final do Leme, o indivíduo deixou de se importar comigo e seguiu seu caminho, enquanto eu o olhava se afastando.

Entendi que era a hora de levantar minhas mãos sedentas, recomeçar a andar e tentar outra vez. Então, um novo caminho se abriu e me encheu de satisfação: a vida acadêmica.

Figura 14 – Tente outra vez
Fonte: Hoger (2021)

Tudo plugado (1981 e 2010)

Apesar de grande parte das pessoas viver a ilusão do individualismo, do materialismo e sofrer com seus males, as minhas experiências sensitivas demonstram que a realidade é oposta: indivíduos funcionam de modo interdependente, como peças interligadas de uma engrenagem que executa um trabalho.

Os dois casos que contarei a seguir reforçam a noção de conexão estabelecida entre sujeitos por meio dos sentimentos e dos pensamentos, positivos ou negativos, invisível muitas vezes, mas produtora de importantes impactos no cotidiano individual e coletivo.

No ano de 1981, fui ao show de uma cantora brasileira com parentes e ocupamos uma mesa no meio da casa de espetáculo, o Canecão. À frente de uma meia-lua, ela cantava *O amor*, de Maiakovsky *et al.*, e eu acompanhava com grande emoção o desenvolver daquela obra de arte. De repente, visualizei dois fachos de luz azul turquesa saírem dos olhos dela e penetrarem os meus. Quando a luz encostou em meus olhos aconteceu uma forte explosão, que me lançou violentamente para trás.

Ninguém testemunhou o fenômeno, mas uma tia que estava do meu lado percebeu o momento em que a cadeira pendeu bruscamente e eu quase caí. Preocupada, ela perguntou o que tinha acontecido. Respondi que havia me desequilibrado. Ao fim, tentei checar com a cantora se ela tinha tido experiência semelhante, mas o público não foi recebido pela artista.

A segunda situação evidenciou o tipo de energia que é emitida pelos olhos de uma pessoa que sente raiva. O ano era 2010. A cena envolveu Natasha, Nelson e Jorge, colegas de um antigo trabalho. Eu e

Natasha estávamos sentadas lado a lado, enquanto Nelson conversava conosco, de frente, enquanto um balcão nos separava.

Figura 15 – Canecão
Fonte: Hoger (2021)

Conversávamos animadamente quando avistei alguns peões de obra surgirem por trás de Nelson. Estavam relativamente distantes. Por isso, apenas eu os percebi. Jorge, um dos trabalhadores de obra, observava-nos disfarçadamente. Ele caminhou em direção ao Nelson carregando um carrinho de mão com areia. Quando Jorge percebeu o outro, de costas, rindo, vi sair de seus olhos um feixe de luz prateada, como um relâmpago, que penetrou o ouvido esquerdo de Nelson, causando uma forte explosão.

De imediato, Nelson botou a mão na orelha. Jorge deixou o recinto. Deu-se o seguinte diálogo:

— *Você ouviu a explosão?*

— *Ouvi. Você ouviu também?*

— *Ouvi.*

— *Natasha, você ouviu?*

— *Ouvi o quê?*

— *Não ouviu.*

— *E o raio? Você viu?*

— *Não vi raio, não.*

— *Você entendeu o que aconteceu?*

— *Não. Só ouvi uma explosão nesse ouvido (apontando o esquerdo) e senti uma dor horrível.*

— *Você e Jorge brigaram?*

— *Da minha parte não, mas essa semana ele me acusou de pegar bombons dele lá no refeitório.*

— *E?*

— *Eu não peguei nada e eu não estou nem aí.*

— *Procure conversar com ele. A explosão foi resultado de uma energia de raiva que saiu dos olhos do Jorge, ao te ver, e entrou no seu ouvido. Não foi coisa boa.*

Figura 16 – O relâmpago da raiva
Fonte: Hoger (2021)

3.6 COISA DE OUTRA VIDA

Minhas outras vidas (2011)

Com base em minhas experiências, já vivi antes em outros corpos masculinos e femininos, em outros tempos, em outros lugares, em outras culturas, junto de algumas pessoas com quem já compartilhei existências ou não. Penso que voltarei a integrar essa dinâmica perfeita a que os seres vivos são submetidos, intitulada *Samsara* pelos budistas: o *ciclo de mortes e renascimentos*.

Não tenho a menor ideia de como minha alma foi criada e nem para quê, mas sinto que vivo sucessivamente objetivando experimentar na pele as inúmeras possibilidades que a condição humana oferece para me refazer sempre melhor a cada experiência. A partir disso é possível deixar para trás pequenezas humanas, tais como: preconceito, egoísmo, maldade, violência, arrogância, orgulho, ignorância e outras. Reviver serve para se autodescobrir, para reavaliar erros, reparar perdas, retomar caminhos, refazer histórias.

Muitos desacreditam da ideia das múltiplas vidas, mas quando o tema surge numa conversa informal, uma curiosidade coletiva costuma ser despertada. Em algum nível, percebo que se crê em reencarnação, mas não quando há um caso real próximo como o meu, foi o que observei.

Quando vivenciei a terceira etapa da regressão a determinada vida prévia – tema dos próximos capítulos – senti-me doída e confusa com as reticências e rejeições advindas das (poucas) pessoas do meu entorno com quem cheguei a conversar sobre o assunto. Na época perguntei a um profissional que trabalha com Terapia de Vidas Passadas (TVP) sobre como se diferencia uma memória de existência pregressa de uma situação imaginada, ou seja, como ele tem certeza de que um material que surge num processo regressivo é verídico.

Ele expôs que a imaginação é mutável e rarefeita. Toda vez que a pessoa contar a história inventada, o enredo tenderá a se modificar. Além disso, a carga emocional ligada ao que é criado é ínfima se comparada com uma rememoração. Na relembrança de fatos de uma vida pretérita, por exemplo, os dados serão sempre os mesmos. Eles poderão se ampliar ou amainar, de acordo com o processo de trabalho emocional, mas não se modificarão: o que é visto, quem é visto, os fatos, sentimentos, são relativamente estáveis.

O psiquiatra Brian Weiss concedeu uma entrevista sobre múltiplas existências ao *Almanaque-Brasil*, da TV Brasil, em vinte e sete de abril de 2011. No programa, disponibilizado no YouTube, Weiss afirmou que a prova que possui sobre a existência de vidas passadas e futuras são as evidências obtidas dos seus pacientes, acumuladas em anos, vendo-os se recordarem de vivências pretéritas e melhorarem de sintomas graves.

Para o médico, se não houvesse ligação entre os sintomas e as vidas relembradas não haveria a superação do sofrimento, porque fantasia e imaginação não têm poder de cura. A partir da sua prática profissional ele compreendeu que o corpo físico morre, mas a consciência permanece e isso, por si só, ameniza medos e fornece esperança quanto ao futuro.

Segundo o psicólogo Roger Woolger,[227] não é fácil lembrar com perfeita exatidão de um fato ocorrido. Qualquer pessoa honesta admitirá que certo grau de confabulação quase sempre entra na contação de qualquer história. A questão é que muita gente tende a descartar relatos de recordações de vidas pretéritas pelo fato desses relatos, por vezes, conterem certas incoerências históricas. Entretanto, questiona Roger, "estes céticos provavelmente não descartariam a 'realidade' de sua própria infância só porque certos detalhes de suas lembranças mostraram-se falsos".[228] [229] Ele continua: "Tanto ao recordar uma vida passada quanto a presente, nossa imaginação muitas vezes preenche as lacunas e melhora a história lançando mão de todo tipo de detalhes sutis. Onde o quadro não é claro, a mente inconsciente pode muito bem retocá-lo para nós".[230]

Outro ponto a ser considerado, segundo o autor, é que se lembrar de uma vida anterior é passar por uma *reexperiência*. Em muitos casos, o sujeito assume, ainda que temporariamente, uma identidade muito diferente, outra personalidade e, entre as centenas de pessoas que *regressaram* a outra vida, a maioria esmagadora parece concordar que

---

[227] WOOLGER, 1998.

[228] WOOLGER, 1998, p. 33.

[229] Grifo do autor.

[230] WOOLGER, 1998, p. 33.

não se trata apenas de uma questão de imaginação. Muitos se veem profundamente mergulhados na história, com o que é uma consciência egoica diferente. Novas palavras e emoções irrompem na consciência, de forma espontânea, com pouco ou nenhum estímulo de outrem.

Alguns descrevem a regressão como uma possessão moderada, como ser temporariamente tomado por outra personalidade. Diferindo uma coisa de outra, a possessão é acompanhada por um sentimento de alheamento e na regressão há uma sensação de familiaridade, de que a vida que se revela pertence realmente à pessoa que regrediu.

Ainda segundo Woolger,[231] na consciência mais profunda ou mais abrangente do indivíduo, ele é múltiplo, dono de muitas personalidades internamente. Alguns desses outros *Eus* estão surpreendentemente perto da consciência e podem ser despertados com bastante facilidade por meio de técnicas terapêuticas. Reconhece-se, há pouco tempo, que essas personalidades secundárias acabam se revelando em tudo tão complexas e sofisticadas quanto à personalidade do ego, a ponto de terem histórias detalhadas que vão do nascimento à morte.

Por esse motivo, assim como ocorrem com as histórias de vidas atuais, deve-se trabalhar no sentido de ressignificar o material surgido das experiências pretéritas dolorosas: ver a mesma história de outro ponto, com outro olhar, adquirir outra compreensão e desintoxicar a alma das dores.

A lembrança de vidas pretéritas é um fenômeno paranormal que possui características próprias, tais como: ritmo específico e foco no essencial. Prioriza os eventos inacabados do passado que interferem no presente. Ainda, o protagonista parece ser dotado de habilidades que envolvem a ampliação da consciência.

O psiquiatra e psicólogo da Geórgia, EUA, Raymond Moody (1944-*) ficou conhecido por seus estudos sobre as EQMs no século passado. Posteriormente, ele se dedicou também às investigações sobre vida depois da morte, incluindo a palingenesia.

No livro *Investigando vidas passadas*, Moody Jr. e Perry[232] apontaram algumas das principais características das experiências envolvendo existências pretéritas, tais como:

- São geralmente visuais.

---

[231] WOOLGER, 1998.

[232] MOODY, Raymond Jr.; PERRY, Paul. *Investigando vidas passadas*. São Paulo: Cultrix, 1990.

- Parecem ter vida própria.

- Dão a impressão de familiaridade.

- O indivíduo se identifica com um personagem.

- Emoções podem ser revividas.

- Os eventos podem ser vislumbrados sob duas perspectivas distintas: na primeira e na terceira pessoa.

- A experiência costuma refletir questões atuais da vida do sujeito.

- As condições mentais podem melhorar após a regressão.

- Rever o passado pode afetar as condições clínicas da pessoa.

- A regressão se desdobra conforme os significados dos fatos e não segundo uma sequência histórica;

- Regredir se torna mais fácil com a repetição.

- A maior parte das vidas passadas é comum.

O acesso a vidas pregressas não é indicado a todos os indivíduos, pois é desaconselhável forçar uma regressão sem haver uma demanda, mas se a memória brota naturalmente é porque ela está latente e anseia por libertação. Então, que se liberte!

A odalisca (2011)

No meio de uma madrugada, em torno das cinco horas, dormia de bruços e senti uma mão passando pelas minhas costas, como que me acordando. Abri os olhos e estava num outro ambiente, com dia claro, tendo na minha frente uma mulher jovem, trajando vestes típicas de uma odalisca, nas cores dourado e amarelo.

Figura 17 – Odalisca
Fonte: Hoger (2021)

Era uma mulher linda! Magra, pele bem escura, cabelos lisos, compridos, negros, trançados. Um fio dourado perpassava a trança do começo ao fim, que estava colocada na frente do corpo. O tecido da calça que a odalisca usava era amarelo e transparente. Os detalhes da cintura da calça e o bustiê eram dourados, trabalhados em pedraria. Sua roupa era bastante pequena e sensual. Lembro que a parte da frente da calça tinha um decote em V que deixava aparecer um pouco da região pubiana.

Essa bela mulher segurava a minha mão e dizia (telepaticamente) com expressão séria: "Chegou a hora. Você vai ter que passar por isso agora". Eu sabia, inconscientemente, a que o anúncio estava se referindo e comecei a chorar, sentindo desespero, enquanto implorava que me poupasse daquilo. Ela respondeu: "Não há mais tempo. O homem da calça amarela precisa chegar". O contato foi cortado.

Ao retornar ao corpo, olhei o relógio e eram quase seis da manhã. Os primeiros raios do sol apareciam. Fui à janela para olhar a paisagem e fiquei a refletir sobre o que estava por vir. Alguns meses após, o processo da terceira regressão foi iniciado.

Reencontrando o amor (1981)

Quase todas as experiências sensitivas por que passei envolveram pessoas e os motivos foram variados. Nem sempre soube quem eram elas na vida *real*, nem sempre compreendi a totalidade das experiências. Muitas vezes, as vivências só ganharam sentido anos, décadas depois de alguns acontecimentos; outras, ainda não decifrei. Entretanto, não tenho a menor dúvida de que todos os encontros estabelecidos tiveram um objetivo e determinada importância, porque todo evento paranormal envolve um complexo mecanismo. Nunca é frívolo.

Dos contatos estabelecidos pela via sensitiva, um ficou como um enorme ponto de interrogação durante anos a fio, primeiramente, por ter acontecido. Em segundo lugar, pela presença de uma atmosfera de romance, desejo, afinidade, e tudo mais que engloba o amor. Em terceiro lugar, pela pessoa que lá estava: uma cantora brasileira a quem chamarei ficticiamente de Ágatha.

Eu tinha quinze anos quando estive com Ágatha pela primeira vez numa experiência fora do corpo. O dia estava para clarear. Estávamos na minha cama, nuas, na prática de um ato sexual. Eu estava embaixo e ela sobre mim, num movimento intenso. Estar dentro da vivência me permitiu sentir que havia um sentimento de desespero presente em ambas as partes, uma *fome* insaciável daquele amor.

Ágatha cessou o movimento do seu corpo e começou a deslizar sobre o meu, dirigindo-se para baixo, pretendendo tocar a minha parte mais íntima com a boca. Eu me encontrava num estado de entorpecimento, totalmente imersa na vivência, mas num determinado instante tive consciência do que estávamos fazendo. Assustei-me com a cena que vi. Eu a conhecia em um nível e desconhecia em outro. A parte racional da minha mente passou a dominar, fazendo emergir repressão, conflito e medo – o que provocou a saída da experiência e o retorno abrupto ao meu corpo.

De olhos abertos e voltados para o teto, fiquei paralisada, mergulhada na mais absoluta perplexidade com o que tinha acontecido. Meu coração batia forte. Em seguida, passei a empenhar-me em encontrar elementos que explicassem o que tinha acabado de acontecer. O fenômeno mexera comigo profundamente, sentia-me muito emocionada, mas a censura que envolve a sexualidade e a falta de compreensão do motivo da vivência me consumiu de imediato.

Ágatha era uma pessoa desconhecida e adulta. Eu era uma adolescente que pouco sabia do amor, não tinha vivido sequer uma paixão infantil, nenhum interesse secreto, estava despertando para o próprio corpo, sim, mas de modo bem superficial ainda. Caminhando para outro sentido, apesar de eu conhecer sua imagem, ela era uma artista muito distante da minha realidade, mas ali parecia tão próxima. *Por que aquilo?* Fiquei a me perguntar.

No meu lar existia um único aparelho de som que era monopolizado pelos irmãos mais velhos. Portanto, eu quase não ouvia música, a não ser aquela que eu mesma executava nos instrumentos que estudava. Também, sempre assistia pouco a programas televisivos. Ouvia MPB nas manhãs de domingo, dia em que meu pai estava em casa. As canções daquela cantora nunca fizeram parte do repertório da família, que se restringia a figuras como Roberto Carlos, Chico Buarque, Maria Bethania, Gal Costa, Alcione e Benito di Paula.

Com o passar do tempo e minha aproximação com a área da psicologia fiz análises e associações da experiência que vivi com a teoria da transferência, relacionando-a à figura da minha mãe, pois nossa

relação tornara-se conflituosa. Ou seja, com base em interpretações psicanalíticas, a relação afetivo-sexual com Ágatha estaria associada às deficiências afetivas existentes na relação construída com a figura materna e a busca inconsciente por reparação. Mas mesmo com os fatos sob profunda reflexão, nenhuma suposição conseguia aquietar meu coração, onde uma *porta* tinha sido aberta.

Desde aquela data, uma conexão entre nós foi estabelecida, outros contatos esparsos aconteceram e eu passei a captar o estado da sua alma: se a sentia bem, esquecia-a por anos até; se a sentia em sofrimento, angustiava-me a cada segundo do dia por não poder ampará-la. Mas, apesar dessa ligação e dos questionamentos sobre aquelas situações emergirem vez ou outra, segui em frente com minha vida sem lhes dar espaço central.

Em meados da década de 1990, eu tinha uns vinte e oito anos e morava sozinha no bairro de Botafogo, no Rio de Janeiro. Era um sábado, dia de faxinar o apartamento seguindo um ritual: encher corpo, rosto e cabelos de cremes a fim de cuidar da beleza, sintonizada ao *dial* da minha rádio predileta, uma especializada em MPB. No meio da programação ouvi tocar uma música cantada por Ágatha até então inédita para mim, cuja letra me fez paralisar. Retratava claramente as experiências fora do corpo que tive junto dela.

A canção espelhava os temas de vidas passadas e premonição, relacionados ao encontro de duas pessoas que se amavam, sentiam-se, mas ainda não se conheciam na vida *real*. Aquela letra descrevia com perfeição a história que, a meu ver, ela vivia de um lado e eu do outro.

Ao fim da música eu estava estarrecida e, impelida por desvendar o mistério que nos conectava, fui pela primeira vez a um show seu que estava em cartaz. Ninguém da minha rede de relacionamentos aceitou me acompanhar. Então, segui só.

Na casa de espetáculos da zona norte carioca, o *Imperator*, dividi uma mesa no segundo andar com três agradáveis moças que assistiam às apresentações de Ágatha com frequência. No encerramento, uma delas me convidou a acompanhá-la até o andar de baixo, pois intentava disputar prendas que a cantora costumava distribuir ao público no final, coisa que eu desconhecia. Desci com Márcia, posicionando-me à esquerda do palco, em meio às outras pessoas.

Figura 18 – Primeiro encontro com Ágatha
Fonte: Hoger (2021)

Vi Ágatha no centro do palco, retirando o botão de uma flor, que depois foi jogado para alguém que estava naquelas imediações. Ao olhá-la relativamente próxima de onde eu estava, senti-me fisgada por um medo paralisante, que me manteve dividida entre a vontade de ir embora e de seguir em frente com meu plano. Então, resisti, permaneci e mentalizei algo impossível de acontecer: *Se, de fato, existe uma ligação entre mim e essa pessoa, se o que vejo desde menina é verdadeiro, peço que a vida me envie um sinal. Que ela saia de onde está agora, venha até mim e dê uma flor em minhas mãos.*

Em meu íntimo estava claro que aquilo não aconteceria, mas naquele instante Ágatha dirigiu-se para a sua extrema direita, caminhou até mim, posicionou-se na minha frente, abaixou, entregou uma rosa branca em minhas mãos e fez o movimento para se afastar. Então, Márcia fez uns gestos exagerados, pedindo uma prenda também. Ela voltou e passou a distribuir ramos naturais de trigo naquela área, retornando ao centro do palco em seguida. Lembro que um segurança tentou impedir minha aproximação, quando a própria Ágatha esticou o braço e fez a rosa chegar até mim. Márcia notou aquele momento como estranho e comentou: "Nossa! Mas que sorte tem você! Ela veio com a intenção de te dar a flor!".

Saí dali atônita. Peguei um táxi e segui para Botafogo. No trajeto, segurando aquela rosa nas mãos, sentindo seu cheiro e textura, fui refletindo sobre minha história. As dúvidas eram ainda maiores e eu não tinha como obter respostas. Quando ela se aproximou, tive a impressão de que atravessava um momento de sofrimento e eu gostaria de apoiá-la. Mas, como? A aproximação era difícil e o medo que eu sentia era grande.

Ao chegar em casa, a flor foi colocada num copo de vidro, ao lado da minha cama, durou mais de duas semanas e ficou inacreditavelmente grande, bela e viçosa. Tão logo morreu, joguei-a no lixo, desejando que todo aquele mistério acabasse um dia. Décadas depois fui capaz de entender o que, de fato, nos mantêm ligadas: uma vida passada.

Os capítulos a seguir abordarão o assunto.

Figura 19 – Rosa branca
Fonte: Hoger (2021)

VIDAS PRETÉRITAS QUE ESTÃO PRESENTES

Tinha cinco anos quando pensei sobre várias vidas pela primeira vez. Eu era uma pequena filósofa e amante das artes. Sonhava em ser bailarina e dançava ao ouvir música clássica. No meio de um ato, fui alvo de uma epifania e a seguinte ideia me ocorreu: *não tenho só cinco anos. Tenho muitos séculos para trás*, enquanto via na mente a imagem de uma estrada de terra sem fim. Naquele instante tinha na alma a compreensão do real significado da minha existência: sou um *continuum* de vidas.

Com base em experiências espontâneas desse tipo, mais do que nos ensinamentos familiares, afirmaria que sempre cri na existência de vivências passadas e de um porvir, no entanto, jamais pensei em acessá-las. Lembranças de vidas pretéritas surgiram espontaneamente a partir de habilidades sensitivas (experiência fora do corpo, sonho lúcido, clarividência, clariaudiência e outras). Assim, tive consciência de várias das minhas existências com maior ou menor profundidade.

Entendo que essas lembranças emergiram principalmente porque desde menina atuo como uma desbravadora de almas nata. Também não observava esse comportamento em casa, na convivência familiar, mas sempre apreciei o movimento intrapessoal que favorece a auto-descoberta no mais profundo do âmago, a superação de obstáculos e as mudanças comportamentais. Creio que esse movimento natural gerou uma necessidade em minha psique de manter-se num processo constante de iluminar o inconsciente.

Emergiram nove memórias de vidas anteriores. Características dessas memórias podem ser relacionadas a traços da minha personalidade, ao meu estilo de vida, a aversões, a problemas orgânicos, a talentos e até ao *script* do meu destino. Nas lembranças identifiquei pessoas do presente, dentre as quais, minha mãe, meu filho e Ágatha apareceram em mais de uma vida.

Para melhor organizar os dados obtidos do passado, dividirei as nove palingenesias em três grupos: de *importância terciária*, de *importância secundária* e de *importância primária*.

Vidas de importância terciária

Foram seis as lembranças de vidas *de importância terciária*. Em 1997, por meio da hipnoterapia, vi-me como um cavaleiro medieval na faixa dos trinta anos, alto, corpo atlético, de pele clara, com sardas no rosto e cabelos levemente cacheados, na cor castanha clara. Andava por um caminho, pelo meio de uma mata, que me conduziu a um castelo, no alto, cujas paredes tinham os tons branco e cinza. Cheguei à entrada, vi um portão grande e um jovem soldado como guardião da área, dono de belos cabelos loiros e lisos, na altura dos ombros. Senti um amor muito profundo por aquele rapaz, mas não consegui diferenciar que tipo de sentimento era aquele. Fraternal? Paternal? Romântico? Então, comuniquei-lhe algo, abracei-o ternamente e me despedi.

Apareci em outra cena com trajes de combate: eu usava uma armadura sobre um cavalo, lança e espada. Durante a luta da minha cavalaria contra centenas de inimigos fui atingido por trás por uma flecha e caí no chão. Diversas patas de cavalos galopavam próximas ao meu corpo e muitas me pisotearam. O sofrimento era sem fim e eu pedia desesperadamente para morrer. Observei-me flutuando, encontrando nuvens róseas e a paz.

Associação passado/presente: a proximidade com cavalo desperta o sentimento de medo intenso em mim, sobretudo, o som da pata batendo no chão. Não gosto de combates, mas aprecio bastante os filmes que retratam as batalhas medievais, cavaleiros e castelos.

Por volta do ano de 2006, vi-me como uma mulher jovem, branca, cabelos negros, curtos e olhos azuis, que era ativista política e comandava um contramovimento a uma guerra na região. Estava num celeiro, numa reunião clandestina com vários rapazes, quando vi um grande portão de madeira ser aberto e um tiro de revólver ser disparado direto no meu coração.

Associação passado/presente: já tive esse jeito militante de ser e desde criança sinto dor perfurante na região do coração com certa frequência seguida da sensação de morte.

No ano de 2010, por meio de uma técnica de meditação profunda, visualizei-me como uma inexpressiva ama da filha de um líder da Babilônia

(2.300 a.C. a 539 a.C.) e, por isso, tive algum contato com os estudos. Vi uma cerimônia com muita gente num templo amplo de cor clara, com pilastras altas e grossas de mármore. O anfitrião, o líder vinculado ao imperador, era um homem gordo trajando roupas pomposas. Estava visivelmente feliz e comia fartamente. A adolescente, sua filha, usava um vestido claro na altura do joelho e a ponta da saia era amarrada ao seu dedo da mão para que girasse em consonância com o movimento de seu corpo em uma dança sensual.

Havia uma multidão de convidados nobres (a grande maioria do sexo masculino) que a admirava e parecia cobiçar aquela jovem mulher, cuja disputa seria definida pela melhor oferta de dote. Vi a estátua de um leão e o rosto de um homem com um acessório de metal na cabeça, que seriam figuras relacionadas à Babilônia. Visualizei, por fim, diversos homens que foram enterrados vivos e buscavam sair debaixo do solo.

Associação passado/presente: o apreço pelo saber, pelo cuidar e a humildade.

No ano de 2012 tive um sonho lúcido. Nele, eu era uma mulher jovem, morena e estava acompanhada por um rapaz tímido, alto, também jovem e moreno. Adentrávamos uma ampla morada cuja arquitetura parecia sofrer influência maometana, hindu e mongol. A construção, similar a um palácio, era predominantemente na cor branca. O local era belíssimo interna e externamente, e nele podiam ser vistos pilastras, arcos, torres, minaretes, cúpulas, janelas e portas arredondadas.

Depois de caminharmos um pouco pelo lugar, abri uma grande porta e entramos num cômodo que era de um casal recém-unido. Vi-os de joelhos ao chão, um de frente para o outro, olhando-se nos olhos fixamente. Estavam executando um ritual nupcial. A moça estava mais próxima a mim e de costas, o noivo estava mais afastado e de frente. Eles usavam roupas claras bem ornamentadas, ricas joias e estavam descalços. Ela se levantou, cumprimentou-me e saiu. O homem se levantou e quando fui em sua direção para abraçá-lo, fui repelida, pois ele não podia encostar em mim por causa do seu momento de vida e do ritual que estava sendo realizado. Ele usava um turbante branco na cabeça e tinha os olhos pintados, delineados com kajal preto. Eu sentia profunda afeição pelo casal.

O rapaz que me acompanhava se mantinha esquivado por ser menos íntimo dos donos da casa. Nós nos amávamos, mas não éramos nobres, éramos simples. Então, compreendi qual era meu objetivo ali.

Fui perguntar ao noivo se ele podia nos ceder um pedaço pequeno das suas terras para que pudéssemos construir nossa casinha, pois dependíamos disso para nos casar também. Prontamente, o amigo assentiu com a cabeça, o que encheu meu coração de alegria.

Associação passado/presente: o apreço pela arquitetura do local, pelas vestimentas, pelas pessoas e o amor sentido.

No ano de 2017 tive um sonho lúcido em que eu estava na pele de uma adolescente *mignon*, esquálida, de uns dezesseis anos, com características indígenas. Eu e meu pai nos preparávamos para adentrar uma floresta, a fim de chegarmos ao nosso lar por dentro, seguindo o rio. Eu o ouvi dizer que iríamos para o Haiti, mas nossas características físicas se pareciam mais com o Taiti. Vi chegar um grupo de soldados inimigos usando uniforme verde musgo e um deles matou meu pai na minha frente, a tiros, causando uma devastação emocional em mim.

Associação passado/presente: receio das forças armadas; dificuldade em lidar com violência, guerra, tirania.

A última do grupo das lembranças pregressas de menor impacto emergiu num sonho lúcido em 2018, em que eu aparecia como uma menina de doze anos, de Esparta (séculos VI a IV a.C.). Estávamos num anfiteatro e minha mãe aguardava para nos assistir, a mim e a um irmão mais velho. Dirigi-me a um vestiário cheio para colocar meu traje trabalhoso: meia calça e blusa justas, outra blusa, colete, cinto, sapato. Eu usava uma espada grande e pesada, difícil de manusear. Lutei com outra adolescente, perdi e fiquei com raiva, pois julguei a derrota injusta, por conta do meu tamanho e do peso que carregava.

Associação passado/presente: a disposição para a luta. A repulsa por situações injustas. Afinidade com Esparta.

Vidas de importância secundária

O grupo denominado de *importância secundária*, engloba as existências que exercem bastante influência sobre meu momento presente. Uma das personalidades integrantes desse grupo é a de um monge vinculado à Igreja Católica, captada por meio de um sonho lúcido que tive no mês de fevereiro do ano de 2010.

Figura 20 – Monge do conhecimento
Fonte: Hoger (2021)

Eu era um homem alto, magro, claro, de meia-idade, cabelos grisalhos, que usava uma roupa marrom de monge medieval (descobri a relação com essa figura em buscas no Google).

Eu estava na parte interna e subterrânea de uma igreja que parecia na Europa. O recinto era circular. Vi-me descendo uma escada, segurando uma lamparina, e era seguido por um jovem rapaz que era meu filho e, também, um aluno/discípulo. Ao chegar ao chão, que ficava abaixo do nível da rua, avistei uma mesa redonda e vários livros em volta, próximos às paredes. Todo ambiente era cor de terra, inclusive as escadas. Não havia luz elétrica.

Estava a ensinar um conteúdo ao rapaz que, por sua vez, tinha muita dificuldade para compreendê-lo, o qual era claramente subjugado ao seu mestre. Devido ao seu problema na aquisição do conhecimento, eu o repreendia severamente, pois era um homem sábio, mas rígido e intolerante com lentidões e erros. Voltei ao momento presente mexida com o que havia se revelado.

Associação passado/presente: traçando um paralelo entre o homem medieval e a minha pessoa de agora, parece ainda existir uma parcela da sua personalidade no meu *Eu* e, provavelmente, tenho maus feitos relacionados a ele. Foi o que demonstrou o fato a seguir, já que o rapaz subjugado era meu atual filho.

Semanas após o evento, meu menino completou seis anos e estava iniciando o ensino fundamental numa escola católica situada na Lagoa, no Rio de Janeiro. Por ter sido transferido de outro colégio, estava num nível anterior de aprendizagem em comparação com seus colegas de turma e passou a viver dificuldades de aprendizagem e sofrimento. Foi o que descobri ao ser chamada pela coordenação pedagógica. Eu precisaria atuar em casa para que a criança se nivelasse à turma.

O grande problema estava sendo o processo de alfabetização e treinávamos diariamente os sons das sílabas e suas junções, isto é, a formação de palavras. Apesar de já conhecer letras e seus sons, meu filho falava com frequência uma palavra nada a ver quando juntava sílabas, cujo processo me deixava bastante chateada. Intentando não agir como o monge, procurei mostrar-me paciente durante a feitura dos deveres de casa, mas depois de inúmeros erros sem lógica, acabei por me irritar e dei-lhe uma bronca.

Ele passou a chorar copiosamente, enquanto dizia repetidamente: "Eu não posso errar! Sou burro! Ficarei reprovado! Não posso errar!".

Vi naquele comportamento resquícios pretéritos. Aquelas não eram frases que eu usava. E porque fiz a conexão presente-passado pudemos entabular uma conversa franca que permitiu que ele expressasse seus fantasmas enquanto as dificuldades se dissolveram mediante a frase conclusiva e cheia de alegria: "Agora eu já posso errar".

Pensando em termos da lei causa-efeito, se fui um mestre de personalidade rígida e severa, responsável por mediar o conhecimento, provavelmente exerci esse ofício impiedosamente com os aprendizes, o que talvez justifique a docência em meu presente, para agora eu aceitar deficiências e atuar na desconstrução de comportamentos limitantes em alunos a mim vinculados. O interessante é que me esquivei do trabalho como professora por décadas, mas de várias maneiras essa profissão sempre veio até mim.

A segunda vida marcante emergiu no dia dois de novembro de 2017 por meio de um sonho lúcido. Era uma japonesa jovem que tinha um filho de cinco anos. Estava trajada de modo simples e os cabelos penteados com um rabo de cavalo. Eu me escondia de alguém, andava por trás de automóveis, estava fugindo, carregando o menino pela mão, e tinha dificuldades para nos manter. Vi-me adentrar um tipo de academia de artes marciais depois de subir muitos degraus estreitos de uma escada de madeira. Sutilmente oferecia convites aos alunos para um campeonato de luta clandestina, do tipo que vence aquele que mata seu oponente.

Lembro-me de um homem se interessar de imediato e de comprar o convite das minhas mãos, que era vermelho e tinha símbolos e letras em dourado, preto e branco. Precisava ganhar dinheiro a todo custo. Depois da venda, passei a caminhar pelo local, espreitando-o. Vi meu menino treinando com outras crianças aquela luta proibida e o repreendi. Ele já era talentoso para luta, tinha os cabelos arrepiados, usava uma faixa na testa e quimono branco. Acordei cônscia de que algumas pessoas morreram por meio do meu comércio e senti-me triste.

Associação passado/presente: há várias relações dessa lembrança com a existência atual. Sempre cuidei do meu filho sozinha e a vida de mãe solteira envolve muita luta. Além disso, apesar de não ter absolutamente nada a ver com minha atual família de origem, identifico-me muito com a cultura japonesa: com a religião, com o budismo, com as paisagens, com as cerejeiras e montanhas, com a música, com os filmes, com as lutas marciais, com a meditação, com incensos, com a medicina,

com os valores morais, com a noção de honra, com as vestimentas, com as portas de papel manteiga de correr que servem como divisórias, com os telhados das casas e com outras coisas mais.

Figura 21 – No Japão
Fonte: Hoger (2021)

Vida de importância primária

A nona existência prévia pertence à categoria de *importância primária*. Foi a primeira a ser recordada, emergiu espontaneamente, exerce o maior impacto sobre mim e é decisiva no que tange à pessoa que sou hoje. Por isso, ela ganha destaque neste e no próximo capítulo, e é tema central do livro.

O primeiro retorno àquela existência foi inesperado e abrupto. Vi cenas inusitadas e pouco compreendi os meandros da história, tendo estes ficado um pouco mais claros da segunda vez. Somente durante a terceira regressão a essa mesma vida fui capaz de juntar as peças e entender o que representam as situações que revivi. Depois de ligá-las e completar o que mais pareceu um quebra-cabeça, pude compreender a história e o quanto aquelas vivências estiveram presentes em mim desde a infância, em forma de características de personalidade, de problemas físicos, sentimentos, dor emocional, fobias, sonhos, recordações. Por causa da enorme gama de emoções relacionada a tal passado, esta é a vida que sempre volta. Esta é a vida que permanece.

DE VOLTA ÀQUELE ESTRANHO CONHECIDO LUGAR

Antes de iniciar o relato sobre minha principal vida passada, cabe ressaltar que a regressão é um fenômeno paranormal que envolve: habilidades perceptivas mais refinadas que as usuais; capacidade de compreender o contexto com maior amplitude; aptidão para relacionar pessoas das situações prévias aos sujeitos que integram a existência atual, ainda que não haja semelhanças fenotípicas. Por fim, como a comunicação é telepática, permite ao agente do processo a faculdade de captar o contexto vivido, bem como os pensamentos, sentimentos e intenções dos personagens do relato, conforme a narrativa a seguir.

No ano de 1993, vivenciei pela primeira vez um processo regressivo. Fui reportada à existência prévia primordial na minha vida presente. A experiência foi espontânea e inesperada. Tinha em torno de vinte e sete anos, havia comprado o apartamento dos meus sonhos, morava só e me sentia plena. Eu já era graduada em Psicologia fazia dois anos e cursava uma especialização em *gestalt-terapia* que exigia muita leitura.

Era uma tarde ensolarada de sábado, eu estava sentada na minha cama, recostada em várias almofadas, estudando. Não lembro como aconteceu, mas *apaguei* subitamente, surgindo de imediato em outro tempo e lugar.

Apareci numa estrada de terra sinuosa, num lugar de aspecto serrano, com vegetações não muito fechadas ao redor, sendo montanha do meu lado direito e vale do esquerdo. Era um dia de sol, meio da tarde, e eu era parecida com minha imagem atual, porém de pele morena clara, um pouco mais baixa, bem magra, cabelos escuros levemente ondulados e compridos, partido ao meio e com franja na altura das orelhas.

A pessoa na qual me transformara não me pareceu estranha. Pelo contrário, sentia imensa familiaridade com o contexto de vida daquela jovem mulher de dezenove anos, dona de uma aparência campestre. Eu vestia um traje simples: uma saia estilo tulipa, de tecido com estampas pequenas, abaixo dos joelhos e um pano de tecido grosseiro sobre ela. A blusa era cigana, com modelagem ombro a ombro, mangas curtas, de cor clara. Estava calçada com uma sandália rasteira, com a qual me sentia praticamente descalça.

Seguia apressada, aflita, caminhando rapidamente, pois era a última tentativa que faria. Não tinha consciência do que se tratava, mas era isso que estava nos meus pensamentos. Depois de percorrer longo pedaço, cheguei ao centro do lugarejo: um local rústico e precário. Avistei uma senhora na frente de uma casinha branca, onde funcionava uma venda. Era a minha mãe naquela vida e se chamava María. Ela era uma mulher de aparência rude, pele mais morena que a minha, cabelos castanhos escuros, crespos, mal presos e possuía uma mancha escura no rosto. Era uma pessoa tão dura! Coração de pedra!

Figura 22 – La Senda de Vallromanes
Fonte: Hoger (2021)

Figura 23 – De volta à casa
Fonte: Hoger (2021)

Aproximei-me cuidadosamente. Eu parecia pedir algo. Ela respondeu de forma muito ríspida, aos berros. Sua agressividade provocou uma fúria em mim e eu passei a gritar junto, ajudando a formar um enorme *bate-boca*. Pensava: "Não adiantou. Por que ela não me entende? Por que não aceita? Tem que aceitar!". Eu tinha visto minhas imperfeições atuais bastante intensificadas.

No auge da discussão, aproximou-se um homem que aparentava uns trinta anos. Era bem moreno, de estatura mediana, robusto e cabelos cacheados, a quem chamarei de Paco. Ele era um líder local. Ostentava superioridade, sofisticação e posse de bens.

Mãe María, eu e o lugar denotávamos simplicidade. No entanto, María era dona de uma significativa parcela de ambição que combinava bem com as vantagens e promessas de futuro que Paco anunciava. Eles construíram uma relação alicerçada em interesses, alianças e conchavos. Percebia uma realidade *por baixo dos panos* que gerava raiva em mim. No ímpeto, disse-lhes um monte de desaforos e voltei correndo pelo mesmo caminho da ida, sentindo um enorme desespero.

Depois de caminhar longo percurso, cheguei numa parte da estrada onde havia moradas rústicas e brancas. Enquanto caminhava, podia vê-las abaixo do nível da estrada. Lembro-me de ver telhados ao transitar por aquela parte do caminho de terra, cuja arquitetura não parece comum nos dias de hoje.

Era preciso descer ao patamar abaixo, por escadas feitas na própria terra, para atingir um tipo de viela comum ao conjunto de casinhas que formavam um vilarejo. Entrei na primeira delas, à esquerda. Lá dentro estavam uns jovens (homens em maior número e uma mulher). Procurava por um rapaz em especial, o meu principal foco naquele momento. Achei-o.

Vi um homem mais maduro que eu, a quem chamarei de Estevan. Ele era moreno, cabelos escuros e cacheados, esguio, reservado, observador, que se encontrava afastado dos demais, sentado numa cadeira em um dos cômodos internos da casa. Aproximei-me e sentei em seu colo, de frente. Abracei-o e pude sentir o amor profundo que existia entre nós. Comuniquei-o com o olhar e um balançar de cabeça que minha empreitada falhara e apertamos ainda mais o nosso abraço, com grande tristeza.

Figura 24 – Último momento com Estevan
Fonte: Hoger (2021)

O grupo de amigos que estava no local mobilizou-se. Estávamos prontos para partir. Seguimos em direção a um veículo semelhante ao Jeep de cor caramelo. Eu me sentei no banco de trás, entre dois outros rapazes: Lui à direita e Mario à esquerda. Depois, Estevan ocupou o lugar do motorista e outro homem, chamado Ruan, posicionou-se ao seu lado. Faltava uma amiga, Zaira, que estava vendendo uns objetos que seriam deixados na casa, como as louças. Via em suas mãos pratos fundos, de cor *branca leitosa* e pessoas em volta, vizinhos, com quem ela negociava.

Olhando para trás, gritei para que ela viesse. Estávamos apressados. Pouco tempo após, numa curva, ao longe, avistei outro veículo de marca similar ao nosso vindo em alta velocidade, com um bando de homens que procuravam por nós. Tivemos que arrancar. Vi Zaira correr em direção ao carro e tentei alcançar suas mãos, mas não foi possível. Vi-a seguir em direção a uma estrada transversal, adentrando uma mata.

O outro automóvel estava bem mais veloz e, rapidamente, aproximou-se do nosso. Nele estava Paco com três outros sujeitos. Ele estava em pé, no lugar do copiloto, e tinha uma arma nas mãos apontada para nós, um tipo de espingarda. Deitei a cabeça sobre meus joelhos e pensei: "Ainda bem que sou dançarina, senão não conseguiria fazer isso". Naquele exato momento, senti que a morte estava próxima. Fui invadida pelo pânico.

Ouvi tiros serem disparados que atingiram Lui e Mario. Ambos caíram sobre mim. O peso era enorme e impedia a minha respiração. Em seguida, ouvi outros tiros que atingiram Estevan e Ruan. O carro se desgovernou e eu fui retirada da regressão abruptamente.

Surgi no teto do meu quarto, de barriga para baixo, de onde via meu corpo inerte sobre a cama. Sabia que tinha visitado o passado e estava retornando ao presente. Estava perplexa. Nunca imaginei que tinha vivido tamanho horror. Sentia-me em choque com tantas revelações inesperadas. Retornei ao meu corpo e permaneci quieta, em silêncio, profundamente triste. Um bom tempo se passou e eu continuava deitada e encolhida. Então, felizmente, o interfone tocou anunciando a chegada de uma amiga e de sua menina de três anos, que logo me encheram de contentamento.

Figura 25 – No jeep caramelo
Fonte: Hoger (2021)

Passei alguns meses pesquisando locais com as características que vi na regressão, mas não obtive sucesso. Na Europa encontrei um lugar parecido com o visualizado, inclusive as casas abaixo do nível da estrada, cujo nome é Mourísia: uma aldeia montanhosa localizada na freguesia de Moura da Serra, em Portugal. Contudo, internamente, sabia que aquela não era a região correta.

O tipo de investigação possível foi o de caráter temporal, com base no veículo Jeep, que teve a sua primeira fabricação no ano de 1914 e se popularizou no período das Grandes Guerras. Então, a vivência da existência passada parece ter ocorrido no começo do século XX.

Apesar de ter sofrido um impacto com a experiência da regressão, mesmo tendo pensado bastante naquele evento inusitado, não fiquei fixada na história. Continuei a seguir minha vida, até que a experiência se transformou numa lembrança distante.

PELA SEGUNDA VEZ, O PASSADO

Em 2008, o passado voltou com intensidade. Vivia uma persistente crise de asma, enquanto cenas daquela mesma vida emergiam, gerando sofrimento.

Visitei um psicólogo que somava a sua clínica à abordagem regressiva, quando e se necessário. No segundo encontro me submeti à primeira sessão de regressão. Gerardo utilizou a técnica da hipnose, que propicia um relaxamento profundo. Nos minutos iniciais me vi no passado, de volta àquela mesma estrada de terra.

Pude observar tudo com mais detalhes, porque me encontrava dentro e fora da cena ao mesmo tempo. Aquele não era mais um inesperado retorno. Caminhei, cheguei à venda, avistei Mãe María e a discussão se deu. Paco aproximou-se, os olhares de cumplicidade entre ele e María. Raiva. Os gritos. *Por que desperto tanta raiva nela?*, pensava.

Adentrei a casa caiada de branco procurando por Estevan. Havia urgência. Ele se encontrava num dos cômodos, sozinho, acomodado sobre uma cadeira. Sentei-me em seu colo, de frente, baixei o olhar. Sentimos tristeza e abraçamo-nos. Tinha um pressentimento ruim.

"Vamos, gente! Temos que sair rápido!", Ruan alertou. Havia um Jeep de cor caramelo parado na estrada, em frente a casa. Começando da esquerda, Mario, eu e Lui ocupamos o banco traseiro. Estevan e Ruan ocuparam os assentos dianteiros. Gritei por Zaira, que negociava louças. Vi um Jeep dobrando a esquina, em alta velocidade, trazendo Paco e mais três sujeitos em seu interior.

Partimos. Zaira correu em nossa direção. Não consegui segurar suas mãos. Vi-a desaparecer em meio ao mato. Os opositores estavam próximos. Ouvi gritos ofensivos que humilhavam o grupo e, sobretudo, o casal. Estavam misturados a gargalhadas e a ameaças de morte. Espingardas foram apontadas. Deitei sobre minhas pernas e pensei: "Se não fosse dançarina, não conseguiria fazer isso". Ouvi disparos. Os corpos de Mario e Lui caíram sobre minhas costas. Não conseguia respirar. Mais tiros. Estevan e Ruan foram atingidos. O carro perdeu a direção. Observei algo estranho no chão do carro. Não podia mais ver. Saí da vivência.

De volta ao *setting*, eu chorava intensamente e não conseguia falar qualquer palavra. A asma estava mais forte e a tosse tornou-se incessante. Gerardo procurava me acalmar e me encorajou a seguir em frente. Aceitei o desafio e retornei ao carro, no momento em que o veículo, desgovernadamente, adentrou o vale. Visualizei o chão, buscando não pensar nos acontecimentos seguintes que, sabia eu, eram aterrorizantes. Observei uma pequena roda de fogo surgindo no chão do veículo, as labaredas que aumentavam rapidamente e começavam a consumir o lado esquerdo do meu corpo de forma rápida: perna, mão, braço, cabelos, tudo.

Estava de volta ao divã, trazendo comigo as piores cenas que já tinha visto na vida. Virei o rosto para a parede e calei-me. As lágrimas não paravam de correr enquanto via em minha mente a imagem do carro queimando. Depois de uns minutos, Gerardo perguntou se eu queria falar um pouco sobre a experiência. Respondi que gostaria de ir embora, apenas. Retirei-me e depois dali não fui mais capaz de dar continuidade ao processo de psicoterapia.

TERCEIRA REGRESSÃO: O DIVISOR DE ÁGUAS

A terceira regressão se iniciou no mês de setembro de 2011, alguns meses depois da experiência com a odalisca relatada na terceira parte deste livro.

O CASO DE MONTSERRAT

Motivada por questões de conflitos religiosos e espirituais pelos quais meu filho passava, comecei a ler as poucas bibliografias existentes sobre o tema da mediunidade na infância. Como aqueles livros eram pouco esclarecedores e não respondiam muitas questões, iniciei a escrita de um tipo de ensaio, em que eu relataria minhas vivências como sensitiva e como mãe de alguém dotado de alguns dons. O título seria *Ensaio sobre a mediunidade na infância*.

Meu objetivo principal era realizar um trabalho que viesse a auxiliar outros em situação semelhante que, decerto, existem. Contudo, os meus rumos foram se alterando e, inesperadamente, o terceiro processo regressivo se iniciou em mim, enquanto, em paralelo, eu observava o comportamento do meu filho se equilibrar.

Depois de alguns dias imersa na escrita do ensaio, senti-me mergulhada numa barafunda. Os parágrafos começaram a ser modificados, partes do texto eram recortadas e coladas acima, ou abaixo, outras iam para a reserva ou eram deletadas. Sem que estivesse me dando conta, o trabalho começou a ser reescrito e redefinido. Dentro do caos havia um perfeito sincronismo e tudo passou a fazer sentido: eu estava escrevendo sobre lembranças de outra vida que se apresentavam pela terceira vez.

Por meio dos fenômenos paranormais eu acessava os acontecimentos e os registrava. Tudo ao meu redor dava sinais daquela vida. A escrita era o instrumento usado para organizar a consciência do passado e analisá-la sempre de modo mais claro e profundo. Assim, depois de dois meses, o trabalho ganhou novo título: *Ensaio sobre a mediunidade: o caso de Montserrat*.

Durante o terceiro processo regressivo tinha plena noção do presente, mas estava também alocada no passado. Eu acordava todos os dias, executava meus afazeres cotidianos, mas em paralelo estava lidando com o pesar daqueles acontecimentos, exatamente como acontece quando se vive um processo que envolve muito sofrimento, como é o caso do luto pela morte de alguém especial, por exemplo. A vida vai seguindo seu rumo, mas a alma fica fixada na dor que está sendo vivida e que vai sendo amainada com o tempo.

Naquela fase, os fenômenos espirituais eram tão diários quanto frequentes. Foi como uma catarse. Ali pude ter proximidade com os eventos da vida que sempre retornavam. Eles me permitiram acessar detalhes dos principais fatos e relacioná-los. Tudo o que vi possibilitou a compreensão de elementos da minha pessoa e da minha vida, que nunca consegui entender e que passaram a fazer todo sentido.

O último capítulo deste livro, a seguir, apresentará as descobertas que fiz durante os dois meses de regressão a respeito da vida que sempre volta, cujo processo se assemelhou à costura de uma colcha de retalhos.

5

COSTURANDO A COLCHA DE RETALHOS

A fase pós-regressão foi de análises e mais análises. Muitas vezes elaborei metáforas para as emoções que emergiam a fim de torná-las mais inteligíveis. A imagem correspondente ao período vivido era a de portas de uma represa sendo abertas internamente, liberando uma avalanche de sentimentos há muito aprisionados.

Experimentei um processo absolutamente desconhecido, com diversos reflexos nas respostas corporais. Muito de mim se alterou, acelerou, ampliou, clarificou. Sentia um calor absurdamente intenso e a transpiração era exagerada, coisa antes incomum até mesmo nas estações mais quentes do ano. Interessante foi que um dia, ao dividir a experiência com uma amiga sensitiva que também pertence à área da saúde, ela tocou minha pele e verificou que, na verdade, minha temperatura era gelada e não quente.

Passei a dormir em torno de duas horas e meia por noite e sempre despertava no mesmo horário: às quatro e vinte e oito da madrugada; na realidade, às três e vinte e oito, já que estávamos no horário de verão no Rio de Janeiro. As vivências relacionadas a sonhos lúcidos, clarividências, clariaudiências, a percepções olfativas e de contato, a experiências fora do corpo, precognições, presença de entidades, coincidências estranhas e os curiosos fenômenos envolvendo tecnologia, tudo era frequente.

Quando o processo estava sendo finalizado, recordo-me de sentir todos os chacras do corpo se movendo ao mesmo tempo. Certa vez, com o intuito de investigar a materialidade da sensação, deitei-me numa cama sem travesseiro, coloquei objetos pesados sobre os sete pontos de energia principais (chacras), como seixos grandes, e vi todas as pedras se movimentarem em um sobe-desce contínuo e acentuado. Em alguns momentos, elas caíram no chão em consequência da agilidade local, sobretudo, na parte superior.

Quanto ao jeito de ser, minhas características pessoais pareciam-se mais com a personalidade passada: agitação, impulsividade, raiva, medo, insegurança, pesar, uma veia cômica à flor da pele também, sendo que imperava o profundo sentimento de dor. Todo o emaranhado de emoções estava totalmente vinculado aos momentos finais daquela vida, à perda da felicidade que tive. Chorei tantas lágrimas. Pensava que não parariam mais de cair.

Como pessoas vinculadas à morte do grupo estavam próximas a mim, passei a odiá-las com todas as minhas forças. Via-as como assassinas e culpadas por toda perda e sofrimento que me dilaceravam, ou seja, eu me encontrava tão inserida no contexto do passado que não era capaz de pensar aqueles fatos em separado do presente.

Ao entrar pela porta que me conduziu aos fatos da outra vida, pude reconhecer seus meandros, locais e personagens que lá estiveram junto a mim.

Tudo se passou na Espanha

Vivi num tipo de vilarejo de uma cidadezinha serrana da Europa situada a nordeste da Península Ibérica, na Catalunha, Espanha. Pertencia a um grupo nômade que migrara para a região enquanto fugia das perseguições anticiganistas ao redor do mundo. Durante as ações de extermínio, muitos dos nossos entes queridos foram mortos, banidos, enquanto outros conseguiram atravessar o cerco e chegar a locais como aquele, de difícil acesso, por ser montanhoso e na área rural. Como consequência, famílias foram total ou parcialmente dizimadas, ou separadas, restando apenas um membro ou poucos representantes do mesmo grupo ali. No meu caso, éramos somente minha mãe e eu. Estevan e vários de nossos amigos eram desprovidos de família.

Depois da regressão sobre a qual conto neste livro, realizei pesquisas diversas e um dos temas estudados foi a etnia cigana. Descobri que esse povo chega a ser mais discriminado e estigmatizado do que outras minorias, como a dos afrodescendentes e a dos indígenas, por exemplo, principalmente porque o grupo é alocado num cruel tipo de estigmatização e invisibilidade por várias sociedades ao redor do mundo.

Em incursões exploratórias a pesquisas realizadas acessei informações sobre perseguições aos ciganos, conforme visualizei em minha

O CASO DE MONTSERRAT

história. Segundo a bibliografia consultada, o povo nômade atravessou duas ondas migratórias: uma entre os anos de 1400 e 1850, outra entre 1850 e 2010, nas quais o grupo foi acossado, escravizado, torturado, separado e assassinado.[233]

As políticas anticiganistas eram praticadas em quase todos os países e os motivos eram diversos. A discriminação racial devido à pele escura que possuíam alguns ciganos era um dos pilares do movimento antagonista. Por outro lado, os grupamentos nômades tinham tradições e hábitos interpretados como *extravagantes*.

Os ciganos eram exímios artistas, músicos, dançarinos, acrobatas, contadores de histórias e mendigos, o que os associava a uma vida mundana e, também, pelos mesmos dons, constituíam ameaça de concorrência com moradores locais. Os homens eram vistos como arruaceiros, vagabundos e ladrões. As mulheres eram igualmente discriminadas por um lado, mas cobiçadas sexualmente por outro, devido à fama de sedutoras.

Como os sujeitos ciganos costumavam possuir múltiplas habilidades para diversas modalidades de ofícios – tecelagem, carpintaria, manipulação de aparelhos e trabalhos físicos –, alguns países desejavam a sua integração por interesses na mão de obra especializada e escrava. Entretanto, a maioria das nações era favorável ao extermínio da coletividade por julgarem-na racialmente inferior. A partir dessa lógica, o povo nômade foi eliminado ou deportado para colônias, como o Brasil. Como consequência, muitas famílias foram separadas e os sujeitos que conseguiram fugir seguiram para lugares de difícil acesso e distantes dos conflitos.[234]

Ter a noção das teias que teciam aquele meu destino, conhecer a cultura à qual pertenci foi primordial para o entendimento dos acontecimentos daquela vida. Até onde pude captar, a minha família possuía laços de amizade com a família de Paco. Em verdade, eu havia sido prometida para firmar matrimônio com ele mesmo antes de nascer; tratava-se de acordo com caráter de código de honra, de *palavra*, uma ação entre amigos verdadeiros que, para aquele grupo, tinha o mesmo peso, ou mais, que tem para nós a assinatura em um documento.

---

[233] MOONEN, Franz. *Anticiganismo*: os ciganos na Europa e no Brasil. 3. ed. digital revista e atualizada. 2011. 228p. Disponível em: http://www.dhnet.org.br/direitos/sos/ciganos/a_pdf/1_fmanticiganismo2011.pdf. Acesso em: 26 nov. 2011.

[234] MOONEN, 2011.

Com o nosso enlace, as duas famílias iriam se unificar e se fortalecer. Minha mãe, María, receberia benesses que a tirariam da pobreza, a qual esteve sempre subjugada. Entretanto, eu me apaixonei por Estevan, que era desprovido de família e de riqueza e, juntos, nós dois burlamos diversas normas sociais centrais para nosso povo.

É importante que se consiga tirar o olhar do momento presente e o desloque para a realidade daquela cultura e época. Na sociedade em que vivo agora não costumamos prometer filhos em casamento. Por outro lado, que problema há um indivíduo sem família, sozinho no mundo e com poucos recursos financeiros? É claro que numa sociedade capitalista, a pessoa desprovida de dinheiro não costuma ser alvo das admirações alheias, mas alguém só e sem dinheiro não chega a ser visto como execrável.

Nos dias de hoje, mesmo que os pais idealizem determinada união para um filho ou uma filha, que mal haverá se aquele ideal não se concretizar? Por outro lado, ainda que haja tabus envolvendo a relação sexual e a gravidez antes do casamento, em muitos casos, tais acontecimentos são vivenciados sem maiores problemas. Contudo, para o povo ao qual eu pertencia, a quebra de qualquer uma dessas regras de conduta era mortal. Uma pessoa sem família era similar a uma maldição, de quem todos queriam manter distância. Infinitamente pior era o não cumprimento de uma promessa entre famílias, assim como o sexo e a gravidez antes do casamento. A violação dessas normas sociais era uma verdadeira desonra, que justificava a aplicação de punição severa, sendo que Estevan e eu cometemos todas essas infrações juntos.

A relação de amor que mantínhamos não chegava a ser às claras, apesar de ser perceptível o clima de paixão e cumplicidade entre nós. Uma vez que mãe María e Paco nos percebiam, os dois tramavam planos para a destruição daquela união. Eles eram sagazes o bastante para realizarem seus ideais e acreditavam que obteriam sucesso.

Contudo, apenas na terceira etapa do processo regressivo descobri algo inusitado e central: encontrava-me no início de uma gravidez e, por isso, Estevan e eu não poderíamos mais esconder a realidade e a seriedade da relação que mantínhamos. Além disso, como mulher, por conta do tabu da virgindade, eu tinha perdido o valor para o cumprimento do antigo acordo do matrimônio com Paco. Quer dizer, a gravidez deixava em evidência tudo o que, até então, estava sendo ocultado, bem como nos movia em direção a novos rumos: teríamos que fugir.

Gravidez: a força motriz da narrativa

A gravidez é a peça principal da história do passado. Ela é o fio condutor e elimina quase todas as lacunas existentes desde a primeira regressão. Foi por causa da gravidez que eu caminhava tão apressadamente para tentar, pela última vez, que mãe María aceitasse meus sentimentos e minha escolha. Se não desse certo, ao menos eu estaria me despedindo dela definitivamente.

Sabendo que a aceitação da situação dificilmente aconteceria, todos já aguardavam pela minha chegada à casa do vilarejo para que partíssemos em seguida. Sairíamos em fuga, mas sem que a revelação da gravidez fosse feita. Entretanto, infelizmente, numa atitude impulsiva de minha parte, na intenção de agredir María e Paco, acabei por gritar no meio da discussão: "Estou esperando um filho!". Em seguida, deixei a área e corri para o local onde estava sendo esperada.

No momento em que nosso carro seguiu pela estrada e os tiros foram disparados, fiz o movimento de deitar sobre minhas pernas. Esta foi uma cena muito marcante nas três vezes em que regredi, mas por quê? Ali eu estava agindo em favor do bebê que gerava, ou seja, instintivamente buscava proteger a barriga mais do que a mim mesma.

O filho perdido

Penso que a gravidez interrompida com a tragédia traria ao mundo a pessoa que é meu filho atualmente, tomando como base as minhas sensações e fatos que parecem ligados à vida passada em questão, como: sinais de nascença, sonhos e comportamentos não compreensíveis na época, mas que muito chamaram minha atenção.

Por volta de seus quatro anos (2008), toda vez que ele ouvia falar sobre o tema *morte*, quer fosse na TV, quer fosse por meio de alguma conversa, sem que tivesse a menor relação com o que tinha sido dito ou noticiado, parecia que uma memória era acionada. Ele se atirava sobre mim, agarrava minhas pernas, chorava em desespero e passava a fazer súplicas continuadamente: "Mamãe, não me deixa morrer queimado! Não me deixa, mamãe! Por favor! Por favor!". Sua atitude era ininteligível para mim porque naquela data eu ainda não sabia da gravidez e nem de que forma a minha morte tinha ocorrido no passado.

Cabe ressaltar que não conversava, via filmes, lia livros, nem falava sobre assuntos espiritualistas estando em sua presença. Desejava que ele fosse diferente de mim. Apenas rezávamos antes do sono. Mesmo assim, ele perguntava com certa frequência sobre a minha morte, a nossa separação e a reencarnação, desmanchando-se, em seguida, em lágrimas sem fim. Também aos quatro anos, numa noite, ao se deitar, ele iniciou o seguinte diálogo:

— Mamãe, quando eu for, assim, grande como você, e tiver a minha mulher, e você morrer, você vai voltar a viver como minha filha, assim como eu voltei a viver como seu filho?

Desconsertada, eu respondi:

— Não sei, meu filho. Como posso saber sobre esse tipo de coisa? Para que pensar nisso?

Então, ele passou a chorar, segurou minha mão com força e continuou:

— Mamãe, eu não quero te perder de novo! Não quero ficar longe de você de novo! Não me deixa! Não me deixa!

Dois anos se passaram e outro fato interessante aconteceu. Nós estávamos em casa e ele estava do jeito que mais gostava de ficar: pelado. De repente, ele começou a pular e a gritar: "Bumbum queimando! Ai! Bumbum queimando! Mamãe, tô queimando, queimando". Na mesma hora eu parei e fiquei a observar aquele comportamento, pois há sinais de nascença exatamente na região em foco. Pouco tempo depois, ele pareceu ter cansado e veio se deitar junto a mim. Com jeito, perguntei: "O que aconteceu agora? Por que você dizia bumbum queimando?". Ele respondeu: "Não sei, não. Não lembro".

Na idade de treze anos, o menino me acordou no meio da madrugada perguntando se podia dormir na minha cama. Cheguei meu corpo para o lado e o aninhei junto a mim. Dormimos. Nada perguntei pela manhã, mas sabia que algo impactante havia acontecido, já que esse comportamento era raro. Depois ele me revelou que tinha sonhado com muito fogo, que as chamas o perseguiam e ele sentia queimar as nádegas e depois o corpo todo. Foi inevitável a associação entre seu pesadelo e o incêndio no carro que ocupávamos e sou levada a pensar que mesmo em meu ventre, o feto também teve seu sofrimento impresso na alma, como eu.

O amor que revelou o lugar

Mais impactante do que a consciência obtida até aqui foi ter tido a revelação do lugar onde vivi e da identidade da pessoa com quem me relacionava amorosamente naquela vida.

No dia nove de novembro de 2011, deitei-me por volta das duas horas da manhã. Rapidamente adormeci e sonhei com Ágatha. Era uma experiência fora do corpo. Naquele contato, ela usava um traje na cor azul, estilo do século XVIII (vestido longo e rodado, chapéu e guarda sol). Estava agitada e tinha pressa. Procurávamos por um lugar onde pudéssemos ficar sozinhas, mas não era possível; tinha sempre alguém a nos seguir e nosso tempo era curto.

Quando estávamos para ir embora, ela passou a andar de um lado para o outro, expressando inquietação. Pediu que eu escrevesse um bilhete. Deu-me papel e lápis e depois ditou a seguinte frase: "Diga para quem vai fazer a entrega que é para não demorar a enviar a minha encomenda. Preciso 'tocar' a minha vida. Só isso". Posicionei o lápis na linha de baixo e perguntei que nome seria colocado na assinatura, escrevendo a inicial do seu primeiro nome atual em letra maiúscula. Ela parou, refletiu por alguns segundos e continuou a falar: "Olha, o nome é Montserrat. Escreve aí. O nome do lugar é Montserrat, você entendeu?". Disse que sim, despertando abruptamente, como costuma ocorrer nas experiências fora do corpo.

Eu estava desperta e voltava trazendo uma perfeita compreensão a respeito do que significava *o nome do lugar*: tratava-se de onde a minha outra vida se passou. Levantei-me e corri para o computador no intuito de pesquisar lugares com aquele nome. Era claro em minha mente. Aconteceu no horário de sempre: quatro e vinte e oito da madrugada. Todos em casa dormiam. Acessei o *site* de busca Google. Apareceram várias opções para Montserrat e, intuitivamente, a escolhida foi Espanha. A internet levou-me a fotos de vários locais parecidos com os vistos nas regressões, mas nenhuma delas reproduzia, com exatidão, as imagens da minha memória.

Montserrat é uma Comarca de Barcelona, capital da Catalunha, Espanha, próxima ao sul da França, a noroeste de Barcelona, e é cercada de montanhas, formando um paredão de cerca de dez quilômetros de extensão, apresentando inúmeras *agulhas* de rochas conglomeradas. Montserrat, literalmente, significa *jagged, serrilhada montanha*, em catalão,

ou *monte serrado*. A expressão descreve seu aspecto peculiar, com grande variedade de formações rochosas visíveis a grande distância. O mapa e as típicas montanhas do lugar podem ser observados na ilustração ao lado.

O pico mais alto chega a um mil, duzentos e trinta e oito metros e possui desníveis de quase oitocentos metros. As montanhas de Montserrat estão situadas no entorno das diversas comarcas da Catalunha e no inverno costuma nevar no local, o que modifica bastante a paisagem.

Minuciosamente, a lista de cidadezinhas e Comarcas disponibilizada foi lida. Vi também as fotos. Os nomes pelos quais os meus olhos passavam produziam sensações diferentes em meu corpo, sobretudo, intensas palpitações. Tais sensações foram o meu guia, seguindo a lógica do polígrafo do psicólogo William Moulton Marston.[235] As batidas do meu coração me conduziram a Olesa de Montserrat e, depois, a Vallromanes, como o ponto principal da vivência. Finalmente, via internet, consegui capturar fotos do lugar, cujas imagens são iguais às visualizadas nas regressões.

O caminho por onde iniciei as três regressões se chama La Senda de Vallromanes. Sua ilustração se encontra na seção "De volta àquele estranho conhecido lugar".

Figura 26 – Mapa de Montserrat
Fonte: Hoger (2021)

O lugar que revelou o amor

De início, apenas o nome do lugar chamou-me a atenção. Entretanto, com o tempo passei a refletir sobre o fato de ter sido ela a pessoa que fez aquela revelação de tamanha importância, sobretudo, naquele momento, quando o passado estava emergindo integralmente. Então, questionando sobre a experiência Ágatha e Montserrat, dei-me conta de que a pessoa havia revelado não só o nome do lugar onde aconteceu minha outra vida, mas, também, quem era o rapaz a quem amava: ela própria.

A identidade daquele homem da vida pretérita sempre foi uma incógnita e, estranhamente, nunca pensei sobre ele ou sobre investigar a sua personalidade atual. Não pensava se ele poderia ser algum dos

---

[235] MARSTON, 1938.

meus parentes, amigos ou um dos amores que vivi. Apesar de ter sentido o quanto aquele sujeito era importante na vivência de Montserrat, hoje era como se ele não existisse. Atualmente, posso admitir que meu comportamento era o resultado de um mecanismo de negação cujo objetivo era me defender do sofrimento.

Depois de juntar vários dados, concluí que Ágatha é a atual personalidade de Estevan, o que justifica os nossos encontros espirituais desde a minha meninice, o evento da rosa no seu show, um comportamento fóbico meu ligado a sua proximidade e a vivência na qual Ágatha revela o nome do lugar. Todas as peças se encaixavam.

Montserrat em mim

Para tecer análises sobre minha vida atual e suas conexões com Montserrat me apoiei em quatro ideias do psicólogo norte-americano Roger Woolger,[236] já mencionadas na segunda parte deste livro. A primeira delas expressa que "o desenvolvimento psíquico e espiritual teria uma economia interior sutil, segundo a qual todo indivíduo caminha de acordo com o seu ritmo", o que traduz a dinâmica do meu processo de regressão, acontecido em três etapas ao longo de vinte anos e sobre o qual eu não tive escolha ou controle. Em termos práticos, melhor seria se essa parte inconsciente tivesse sido decifrada integralmente da primeira vez, pois muitas pendências já poderiam estar resolvidas.

Entretanto, conforme a segunda premissa do autor, "a exploração de vidas passadas pode assemelhar-se à abertura da caixa de Pandora: existe a possibilidade de que sejam desencadeadas forças poderosas sobre as quais a pessoa tem pouco controle e que deverão ser manipuladas com cautela"[237]. Conforme já mencionado, a terceira regressão foi avassaladora, afetou meu funcionamento global (orgânico, emocional, psicológico e espiritual) e eu não teria suportado a carga se não fosse pela atuação da economia interior sutil que, a meu ver, esteve coadunada com uma economia exterior sutil, ou a entidade da odalisca não teria anunciado os difíceis e inevitáveis acontecimentos que viriam meses antes.

Quanto à terceira premissa de Woolger,[238]

---

[236] WOOLGER, 1998.

[237] WOOLGER, 1998, p.231-232.

[238] WOOLGER, 1998.

> [...] as existências pretéritas exercem influência universal em uma personalidade atual, uma vez que a personalidade é tão múltipla quanto existem cascas numa cebola, o que corrobora com a noção de que os personagens de eras pregressas atuariam como outros *Eus* no inconsciente do indivíduo sem que para ele essa dinâmica fosse totalmente inteligível.

De fato, conforme fui tendo acesso a algumas das minhas existências pregressas, passei a sentir-me como um híbrido de diversos personagens que compõem minha alma e justificam gostos, aversões, virtudes, talentos, limites, jeito de corpo e até acontecimentos. É importante pontuar que não se trata de *múltiplas personalidades* ou *dissociação*, mas de um *agrupamento* de vidas diversas: as várias cascas de uma cebola.

Depois de oito anos de trabalho envolvendo a correlação entre presente e passado, descobri profundas conexões de Montserrat com características pessoais e fatos que até então pareciam aleatórios, coisa que se alinha com a quarta análise de Roger Woolger,[239] voltada para a seguinte ideia: "da mesma maneira que os *Eus* do passado co-atuam com o *Eu* do presente, a vida passada está sendo de algum modo reeditada na vida presente, pelo fato da atual se encontrar continuamente inacabada". Seguindo essa linha de raciocínio, todas as conexões *Montserrat-presente* que existem seriam reedições de lá na existência de agora.

No *continuum* das reflexões sobre a vivência regressiva, elegi três categorias principais que parecem comandar as conexões entre o passado e a vida atual. São elas: *asfixia*, *arma de fogo/tiros* e *fogo*, as quais compuseram os últimos momentos daquela vida. Comentarei cada uma delas.

Asfixia

A primeira situação relacionada a essa categoria não integra minha memória, mas foi contada por minha mãe quando a procurei para investigar sobre um sonho recorrente que tive durante longo período, por volta dos meus vinte anos. Nele, eu aparecia deitada em minha cama, enquanto a água entrava alagando o lugar gradativamente. Meu corpo boiava na medida em que a água subia, até que sentia o rosto encostar

---

[239] WOOLGER, 1998.

no teto. No momento em que o recinto ficava completamente tomado pela água, chegando ao nariz e impedindo-me de respirar, eu acordava.

Esse sonho era produzido quase todos os dias na época e eu sempre acordava aflita, angustiada, coisa que me levou a construir uma hipótese de afogamento na infância, já que minha família costumava frequentar um clube onde havia várias piscinas. Ao pedir informações a minha mãe, o afogamento foi descartado, mas outro fato foi revelado: no meu décimo dia de vida tive um agoniante sufocamento por leite, que produziu minha morte clínica por minutos, mas foi resolvido com intervenções em casa.

A dificuldade para respirar tem sido uma constante em minha vida e eu entendo que a principal reedição da minha ferida kármica no presente é a doença que existe nos meus pulmões, relacionada a uma tendência a inflamação de brônquios. O quadro teve início de forma abrupta e severa na idade de sete anos e ainda se mantém. Percebo que há uma aliança da asma com a tristeza, pois basta uma se apresentar para a outra emergir.

Penso que a asma está associada ao prenúncio da morte em Montserrat, que haveria ocorrido quando os tiros iniciaram. Deitei sobre minhas pernas e corpos baleados caíram sobre minhas costas, *impedindo a respiração*. Esse acontecimento me levou a sentir que era chegada a hora da minha morte e o sentimento de pânico me invadiu.

Sinto que o aparecimento da doença tem relação com um fato. Lembro-me da primeira crise, dos detalhes, entretanto, nunca consegui associá-la a nenhum fator daquela minha vida de criança. O único dado significativo que encontrei e faz pouco tempo foi que a carreira de Ágatha foi inaugurada no mesmo ano em que me tornei asmática.

Um quadro de inflamação nos pulmões sempre me remeteu ao pensamento de morte iminente, impossibilidade de impedi-la, tristeza e medo. Hoje em dia, uma crise de asma invariavelmente *destampa* o momento da tragédia na Espanha, que é acompanhada da ideia fixa de que meu óbito na vida atual terá essa mesma *causa mortis*.

Armas de fogo e tiros

Sempre tive um tipo de fobia por armas de fogo e a proximidade do artefato, o som de disparos, geram-me aflição intensa, mesmo na ficção. Como não sou capaz de associar esse comportamento com qualquer acontecimento da existência atual, parece coerente utilizar o passado como hipótese explicativa para a origem do temor.

No trabalho de conexões realizado, recordei-me de uma situação vivida aos dez anos que pode ter sido um tipo de recordação do passado na Espanha. Naquela época, estava no ar uma novela de TV cujo título era *Pecado Capital*, de Janete Clair, com tema de abertura de Paulinho da Viola. Por conta do horário de exibição não pude acompanhá-la, mas assisti ao último capítulo que, coincidentemente, foi passado no dia do meu aniversário.

A cena era com o personagem principal, Carlão, que havia achado uma pasta cheia de dinheiro num táxi no início da história e, no último dia, fugia de um homem que tinha alguma relação com o montante. Lembro-me de uma perseguição nas obras do metrô do Rio de Janeiro, de o Carlão ter levado tiros pelas costas, da mala abrindo e do dinheiro voando.

Durante as cenas finais fiquei tão mobilizada que comecei a chorar e a tossir sem parar, o que deflagrou uma intensa crise de asma. O comportamento foi tão estranho que minha mãe ficou apavorada e passou a associar o problema pulmonar com o mundo das emoções, o que é coerente, já que a doença é de ordem psicossomática. Por outro lado, agora também relaciono esse episódio com Montserrat, porque os instantes finais de lá envolveram perseguição, tiros e mortes.

Fogo

Dos três elementos que elegi como categorias de reedição *Montserrat e vida presente*, o fogo é o que percebo menos. Talvez por ele estar alocado num nível mais inconsciente da minha psique que os demais. Entretanto, existiram indícios de reedições do incêndio no veículo em Montserrat em três experiências da vida atual, que pareciam aleatórias e sem sentido antes da regressão.

A primeira delas aconteceu quando tinha três anos e foi relatada várias vezes por minha mãe como um fato curioso. Segundo ela, naquela fase fui acometida por uma estranha doença que se estendeu pelo lado esquerdo de meu corpo, tornando a minha pele negra e com aspecto de escama de peixe. Fui examinada por médicos e nenhum deles conseguiu diagnosticar ou tratar o problema. Semanas depois as marcas desapareceram tão repentinamente quanto surgiram. Depois da visão do fogo em Montserrat abordei minha mãe a respeito da tal patologia, perguntando-lhe se a aparência da pele afetada poderia ser comparada a efeitos de queimadura. Ela ficou a pensar por uns instantes e respondeu afirmativamente.

A segunda vivência refere-se a sonhos recorrentes que tinha por volta dos trinta anos, nos quais eu aparecia na fase da primeira infância. Na cena, via-me em pé, em cima de uma mesa, sendo segurada por minha mãe pelas mãos. Eu gritava desesperadamente de dor nas minhas pernas, que não tinham articulações e possuíam grandes cicatrizes de queimadura em toda a sua extensão. Atualmente, interpreto o teor desses sonhos como uma memória dos efeitos da queimadura em meu corpo. Além disso, se prejuízos na alma afetam o corpo físico[240], a queimadura pode ter produzido um problema ortopédico que eu apresentava, também na fase da primeira infância, chamado *joelhos em valgo*. Como o defeito prejudica a marcha, usei botas de ferro com cadarços bem apertados até os doze anos, quando os membros foram corrigidos.

Por fim, fiquei sem conseguir dormir durante os seis primeiros dias do meu puerpério (pós-parto), no ano de 2004. Tão logo pegava no sono, de súbito, passava a sonhar com muito fogo, explosões e labaredas, e acordava sentindo-me profundamente angustiada. O fenômeno era incomum até aquele momento, tendo se extinguido naturalmente com o passar da primeira semana. Na época eu ainda não sabia que incêndio e gravidez estavam relacionados a Montserrat.

Os outros indícios

Adoro dançar desde muito pequena e sonhava em ser bailarina – o que confere com o passado – no momento em que deito sobre minhas pernas, no Jeep, e penso: "Ainda bem que sou dançarina ou não conseguiria fazer isso". Nasci com uma flexibilidade corporal incrivelmente boa, incomum, que ainda é presente.

Desenvolvi um transtorno de pânico pouco antes da primeira etapa da regressão a Montserrat. Os sintomas apareciam, em geral, quando estava dentro de ônibus ou carros lotados. Contudo, estranhava o fato de nada acontecer quando viajava de metrô, que se desloca por vias

---

[240] WOOLGER, 1998.

subterrâneas e também costuma estar lotado nos horários de *rush*. Os ataques intensos que me levaram algumas vezes às emergências hospitalares desapareceram naturalmente na época da primeira regressão. Todavia, a sensação de pânico emerge e imerge até os dias atuais, com menos ou mais intensidade: quando escrevo este livro; se vejo a imagem de Ágatha; ao assistir a algum filme que se passa na Espanha, principalmente se mostra as montanhas de Montserrat. Lembro-me do pânico nas cenas no Jeep.

Diferentemente de minha família, sempre gostei dos lugares montanhosos e rústicos, como Vallromanes. Conforme o relato sobre o Ovni na terceira parte deste livro, eu costumava passar horas observando o morro da Babilônia da janela do meu quarto, na Tijuca. Além disso, minhas frequentes viagens destinavam-se às regiões serranas.

No início da adolescência, por volta dos treze anos, recebi lições de corte e costura de minha mãe e a primeira peça feita foi uma saia com elástico na cintura. Gostei tanto da experiência que passei a fazê-las em série, usando tecidos estampados que destoavam da moda da época, e costumava vesti-las até que, certo dia, fui agredida verbalmente por uma senhora que julgou minhas roupas muito, muito estranhas. As saias que fazia eram parecidas com aquela que vestia nas cenas em Montserrat.

Sempre tive atração pela cartomancia. Por volta dos vinte anos, iniciei estudos do tarô de Marseille, depois do baralho cigano, depois sobre a geomancia e a radiestesia. Hoje abro jogos associando todos os oráculos e eles são interlocutores bastante importantes em certos momentos da minha vida. Ninguém imagina quantas vezes perguntei-lhes se a história de Montserrat é verídica, se Ágatha é a atual personalidade de Estevan, se vamos nos reencontrar, se estou indo pelo caminho certo ao escrever este livro.

Nasci trazendo uma dor impressa na alma e uma saudade sem rosto presente na infância. O pesar era tanto que, mesmo sendo uma criança, tinha consciência de ser difícil suportá-lo sozinha e que necessitava de ajuda externa, como de uma psicoterapia. Desde o fim da terceira regressão tenho convivido com o que nomeei de *crises de saudade*, que, felizmente, foram se tornando mais esparsas e brandas. Essas *crises* são similares à dor da infância, só que agora conheço a imagem do sentimento.

Os personagens de Montserrat

As pessoas vistas no retorno a Montserrat e identificadas no presente foram: meu filho (Leo), Estevan (Ágatha), mãe María (Luiza), Paco (Valério), Zaira (Mônica) e Lui (André). Mônica foi minha colega de turma durante os dois últimos anos do ensino médio. Era uma moça distante, aluada e não nos interessava um estreitamento de laços. Tão logo concluímos aquele ciclo da educação, eu e ela nos afastamos completamente. Penso que a culpo, de certa forma, pela tragédia.

André (Lui) foi um amigo querido no período de 1982 a 2003. Entabulávamos muitas conversas filosóficas, tocávamos violão, cantávamos juntos e ríamos de bobagens até passarmos mal. Ele era asmático e possuía importantes questões psicológicas a serem cuidadas. Um dia parou de falar comigo sem motivo ou explicação. Deixei-o ir. Quanto aos principais personagens da narrativa: Valério (Paco), Luiza (mãe María) e Estevan (Ágatha), contarei sobre nossos *possíveis desfechos* por partes.

Luiza e Valério são familiares mais velhos e, portanto, estão próximos desde meu nascimento. Sinto afeto por eles, mas nunca existiu um sentimento em paz entre nós. Costumávamos ser como fios desencapados que explodiam ao se aproximarem. Recebia críticas e investidas deles contra meu jeito de ser e autoestima desde a infância. Essas críticas geraram marcas em mim. Por que adultos espezinhariam e zombariam de uma criança? Essas perguntas me rondaram cotidianamente. Respondia-as direcionando a culpa a mim mesma, a um jeito de ser introspecto e inadequado, à ausência de beleza física. Depois, aprendi a devolver-lhes os julgamentos em tom raivoso. Entretanto, a primeira etapa da regressão demonstrou que a contenda havida em Montserrat parece justificar melhor a afinidade entre os dois e os conflitos entre mim e a dupla.

O acúmulo de situações adversas e o fim do processo regressivo trouxeram uma revolta implacável em ter Valério e Luiza por perto de novo. Não podia mais conviver com as pessoas que tiveram relação com aquela história nefasta, e tudo o que me desagradava no Rio de Janeiro passou a pesar o dobro. Desejava outro cenário de vida. Fui buscá-lo migrando com a família para a jovem cidade de Palmas, em janeiro de 2012.

Começar de novo não é simples e não foi fácil. Contudo, os novos ares contribuíram para que o processo regressivo sofresse reconfigurações e as lágrimas foram cessando aos poucos. Em alguns meses existia uma nova e boa perspectiva de vida.

Conforme já aconteceu no passado, as características dos fenômenos sensitivos que vivenciava foram se alterando, tornando-se mais leves, em parte por ter sido passada a limpo a experiência de Montserrat, em parte porque Palmas é um local pouco habitado, pouco construído, pouco poluído, com maior incidência de luz solar e de frequência energética melhor, em comparação com minha cidade natal. As antevisões de amor e de dor, os fenômenos anômalos celestiais e as pesadas obsessões foram substituídos pela captação extrassensorial de músicas de estilos variados.

Os conflitos com Luiza e Valério perduraram por um tempo. Internamente, era convicta de que morreria sem conseguir estabelecer laços harmônicos com um e outro, até porque relacionava ambos a María e a Paco. Entretanto, o tempo e a distância fizeram brotar sementes plantadas no passado. Quando engravidei, Luiza expressou seu carinho costurando muitas peças do enxoval do bebê e, depois, fez-me várias visitas que propiciaram intercâmbios entre uma mãe experiente e outra recém-nascida, favorecendo nossa aproximação. Hoje em dia costumamos nos telefonar, trocamos muitas ideias sobre a educação de filhos e sinto-me feliz em tê-la como amiga.

Quanto a Valério, durante décadas observei que ele perpetuava o comportamento de Montserrat na vida presente, pois sua baixa autoestima era (a seu ver) atenuada com uma corrida em direção ao dinheiro e a tudo o que ele proporciona. Com belas casas, carros luxuosos, joias, roupas de grife e presentes caros, vi aquele homem num incessante movimento de comprar o amor de moças simples, que melhoravam a condição de suas vidas e acabavam por abandoná-lo sem nenhum tostão. Como o amor verdadeiro não se coaduna a interesses, Valério feriu e foi ferido em alto grau, durante décadas, até imergir num grave transtorno mental, que o levou à drogadição e à pobreza, vindo a falecer em consequência da precária saúde.

O vínculo estabelecido entre Valério (Paco) e Luiza (mãe María), notoriamente intenso, manteve-os próximos, sobretudo nos últimos anos, registrando que o amor genuíno que Valério possuiu adveio de Luiza e vice-versa.

Valério tinha uma estranha e desmedida paixão por viagens e vivia na Europa. Suas idas para aquele continente eram mais frequentes do que os deslocamentos da maioria das pessoas para seus arredores, soando como um louco exagero para o *público comum* que o circundava. Depois da terceira regressão, essa característica passou a fazer todo o sentido para mim, pois um dos seus principais destinos era Barcelona, de onde ele me trouxe castanholas e um xale com rosas vermelhas. Um dia lhe perguntei:

— Você já esteve em Montserrat?

— Claro! Conheço aquilo tudo lá.

— Visitou inclusive as comarcas?

— Sim. Aluguei um carro e andei por todos aqueles lugares.

— O que sentiu?

— Gostei! É muito bonito!

Encerrei o assunto porque Valério era de pouco falar e sua aproximação de Montserrat me pareceu resultante de uma memória ainda muito inconsciente.

A sua passagem para o mundo espiritual foi triste porque selou uma triste vida. Cá de onde estou entendo que mesmo sem que soubesse, Valério expurgava Montserrat. Na fase da sua primeira intensa crise, em 2013, ele me telefonou aos prantos para pedir desculpas por coisas que julgava ter me feito sem que pudesse pontuá-las com clareza. No final de 2018, ele novamente me ligou para se desculpar por outra determinada situação. Todas as vezes Valério foi ouvido com atenção e liberado da culpa, mas as mágoas, apesar de mais tênues, ainda habitavam minha alma.

A morte deixou um vazio no lugar de Valério e a compaixão em mim, levando com ela o resto de rancor do meu íntimo. Constatei ali um sentimento voltado a ele que já se apresentava quando o via sofrer. Hoje sei que era necessário esse desfecho para que eu pudesse concluir esta obra do modo correto, com meu coração doído pelo destino de Valério e, finalmente, livre da mágoa.

Para fechar esta etapa tão importante da minha história, de modo algum intenciono ocupar o lugar de vítima cabal na duradoura animosidade que existiu entre mim, Valério e Luiza. Sei enxergar a parte que me coube no conflito, tanto na vida de Montserrat quanto nesta, e tenho plena consciência de que também lhes devo desculpas. Em seguida ao fechamento desse raciocínio, instalou-se em mim a plenitude. Medito e dou-me conta de que, no fundo, quando uma falha é cometida, a pessoa não age segundo seu desejo, mas conforme suas possibilidades e, por esse motivo, cabem sempre o autoperdão e a absolvição do outro.

Vi imagens dos tempos de Montserrat recentemente. Era um quintal nos fundos de uma casa simples, ainda em construção. Diante do céu noturno, troncos de árvores com seus galhos e folhas estavam sendo arrumados uns sobre os outros e uma fogueira era acesa. Em volta dela, um grupo de jovens se reunia. Os dias de lua cheia eram os favoritos. Estevan expressava sua arte tocando músicas ritmadas em seu violão. Eu apreciava bailar a sua volta, junto dos amigos que se uniam a nós, todos em comunhão com a natureza. O grupo era constituído de pessoas amantes dos prazeres da vida, as *ovelhas negras* daquele lugar cheio de tradições: indivíduos que almejavam liberdade de expressão, de escolha, e como eram felizes assim!

Tenho afinidade com esse estilo de vida rústico e sinto Montserrat como a minha vida predileta. No que se refere à Ágatha, tenho refletido bastante. A insegurança me invade sempre que vou escrever sobre esse ponto da história e tal impedimento é antigo. Sequer fui capaz de correlacionar Estevan à Ágatha, em 1993, quando nunca tive dificuldade para identificar ninguém nas visões de vidas passadas. Esse comportamento é claramente inconsciente, autoprotetivo e só pode ser desvendado por meio de um mergulho interno. Tenho mergulhado. Esbarro nas cenas do Jeep. Sinto dor por ter vivido a tragédia, por ter perdido o bebê, por ter tido a vida roubada. Contudo, o mais doído de todos os sofrimentos foi a morte ter arrancado Estevan de mim e a distância estabelecida entre nós.

No ano de 2011, três mulheres bastante maduras, que não se conhecem, relataram-me histórias parecidas com a de Montserrat. A diferença era que seus amantes estiveram próximos, ao alcance das mãos. Como resgatar seus homens requeria divórcio, perda financeira, mudança de casa, desagradar familiares e amigos, todas elas optaram pela comodidade do cotidiano infeliz que já possuíam. Não consigo me contentar com metades. Talvez por ter morrido jovem, não me conformo em deixar que os ideais da minha vida passem enquanto observo tudo de braços cruzados. Mesmo sabendo que continuarei depois da morte, quero o máximo do tempo de agora. Ele é único.

Enquanto faltaram dados centrais sobre a história de Montserrat, satisfiz-me com a teoria de Freud para interpretar meu primeiro voluptuoso encontro com Ágatha. Depois construí uma vida *real* paralela

com amores mais ou menos felizes. No entanto, atualmente, posso ver que estive todo tempo dividida, carregando Ágatha no coração em segredo até de mim mesma.

O amor de Montserrat foi de verdade e continua a existir em algum mundo paralelo da Física Quântica, ou meus encontros espirituais com Ágatha não aconteceriam. Por ser amor, nosso vínculo transcende o espaço, o tempo e as questões mundanas da atualidade (sexo, gênero, orientação sexual, estrato social, etnia, faixa etária, fisicalidade).

A racionalidade me levou a rejeitar os dons e as experiências sensitivas que vivi durante muito tempo. Mas a verdade é que nunca fui capaz de esquecer qualquer contato que mantive com o universo espiritual. Todos foram imensamente marcantes. Dentre eles, um ficou tatuado até a camada mais profunda da minha alma, desde os quinze anos de idade: aquele em que Ágatha esteve em meu quarto, ocupou minha cama e em seus braços me fez *re-conhecer* o genuíno amor. O mesmo que ainda hoje grita em sua direção: "Volta para mim!".

Figura 27 – Festa entre amigos
Fonte: Hoger (2021)

A caminho do fim

Toda experiência que produz em mim alguma reforma, mudança, aprendizado é bem recebida. Com o processo de recordar a vida passada na Espanha foi assim. Mais! Foi um acontecimento que propiciou tanto um profundo autoconhecimento quanto uma vasta compreensão do sentido da minha vida.

Hoje posso enxergar que a história de Montserrat esteve desde a infância dentro de mim esperando o momento de aflorar. Ao mesmo tempo, essa parte da minha alma, antes cognitivamente indecifrável, regia meus passos pela via inconsciente de um modo tão sutil e misterioso quanto o descrito nas sinas dos personagens de *Eros e psique*, de Fernando Pessoa: "[...] mas cada um cumpre o Destino – ela dormindo encantada, ele buscando-a sem tino, pelo processo divino que faz existir a estrada [...]".[241]

---

[241] BERARDINELLI, Cleonice (org.). *Poesia de todos os tempos – Fernando Pessoa – Poemas*. Rio de Janeiro: Nova Fronteira, 1985. p. 49-50.

Na vida *real*, ora fui o príncipe que buscou sem tino, ora me ocupei como princesa e dormi encantada, ora transformei-me numa das três Moiras da Mitologia Grega – *deusas do Destino* – e interagi na fiação do meu caminho: o *fatum* do latim fada, fado, sorte. Nos dias atuais, no alto da maturidade, concebo o *fatum* como o eixo da engrenagem das minhas múltiplas vidas, cujo mecanismo me impulsiona a cumprir desígnios dia após dia.

Se no passado rebelei-me avidamente contra as intervenções do destino, agora permito que atuemos em parceria no *processo primordial* da vida: fazer fluir emoções estagnadas que sempre possuem estreitos laços com o amor negado e, este, com todos os desalinhos do mundo. Chamo-o *processo primordial* porque os sentimentos representam a única bagagem levada depois da morte e, posteriormente, trazida no renascimento.

Traçar paralelos entre passado e presente mostrou que uma existência pretérita pode deixar marcas nocivas em um indivíduo tanto quanto uma vivência traumática da vida presente. Revelou, também, que toda pessoa costuma mudar e ser melhor ao longo dos tempos, nem que seja um pouco. Essa percepção estimulou em mim a compaixão pela história e pelos personagens de Montserrat. Com isso, tenho me trabalhado para olhar o que me cerca pela lente do amor incondicional, buscando aceitar cada pessoa como é e descartando julgamentos. É um processo.

Estou aprendendo a lidar com a pressa e com a impulsividade que há muito integram minha personalidade. Tenho desconstruído a noção de que os fatos têm que acontecer na *minha hora* e do *meu jeito*, para caminhar seguindo a teia dos acontecimentos, respirando, marchando de acordo com o tempo da vida, confiando na sabedoria e precisão desse tempo. Em paralelo, tenho jogado vários medos fora, enquanto conquisto a firmeza nas próprias certezas. Por fim, aprendi a ser grata à vida, igualmente às etapas de alegria e de tristeza, o que me faz entender o envelhecer como um presente e não como um malogro, conforme apontam os valores da sociedade em que estou inserida.

Estou consciente de que minha história não é encontrada em toda esquina e muitos deverão duvidar dela – indivíduos modernos que se defendem dos vínculos e dos sentimentos.[242] Mas a verdade não precisa de apoiadores para existir. Assim como, um livro não é escrito durante nove anos por um motivo torpe.

O caso de Montserrat iniciou sem o *Era uma vez* e vai finalizar sem o tradicional *E viveram felizes para sempre*, regado a casamento, gravidez, enriquecimento e triunfo do bem sobre o mal, já que este livro fala da vida real, que se mantém em constante movimento e carrega infinitas possibilidades. Isto é, como a trama de Montserrat ainda não findou, ela tem potencial para incontáveis desfechos.

Que esta obra cumpra seu papel, apoiando, instruindo, esclarecendo, gerando dúvidas, perguntas, reflexões, fornecendo respostas, confortando, criando e cortando laços, principalmente, sendo uma luz para aqueles que estejam atravessando um momento que envolve *vidas passadas* como o que eu atravessei.

Toda jornada é cheia de surpresas. Dez anos atrás eu não fazia ideia que possuía vínculos com aquele lugar da Europa, que o amor que revivi para encontrar mora na cidade onde nasci, bem pertinho do mar. Uma década antes não tinha ideia que mudaria para o outro lado do Brasil, que escreveria este livro, tampouco que ele seria publicado. Que outras surpresas o futuro me reserva?

Desejo fazer o desfecho deste livro com a seguinte mensagem: *revelo que o dia está nascendo agora e eu estou contemplando o céu.*

Figura 28 – Plenitude
Fonte: Hoger (2021)

---

[242] GODBOUT, Jacques. *O espírito da dádiva*. Rio de Janeiro: Ed. Fundação Getúlio Vargas, 1999.

PALAVRAS FINAIS

Este livro abrange duas perspectivas: a da pesquisa acadêmico-científica e a da narrativa de experiências pessoais. Estabelece conexões entre dois campos aparentemente dissonantes: o científico e o dos fenômenos paranormais ou anômalos (não usuais), como têm sido chamados na atualidade.

Os capítulos iniciais tratam desses fenômenos teoricamente, enfocando as lembranças de vidas passadas. As outras partes são baseadas nas vivências sensitivas que possuo desde a infância. Neles, apresentei minha autobiografia sobre tais experiências, ajustando o foco sobre um processo regressivo a uma mesma vida passada na Espanha, que se deslindou durante o período de vinte anos. O trabalho foi finalizado com reflexões e análises interpretativas relativas à experiência e às descobertas que emergiram dela, as quais possuem estreitos laços com a vida atual.

Esta narrativa toca num tema sensível e dissonante tanto com relação à cultura a qual pertenço, que não considera fenômenos anômalos ou vidas passadas, quanto com relação à ciência moderna, que é positivista, materialista e se baseia na lógica monista, para a qual os processos mentais que englobam as emoções e as memórias resultam do funcionamento do cérebro e se extinguem com a morte do corpo físico. Se a proposição vigente é validada, como explicar os diversos casos de lembranças de existências anteriores que são identificados e estudados ao redor do mundo?

Para além do pensamento científico, a história de Montserrat e todas as outras experiências espirituais vivenciadas ao longo das cinco décadas de vida (atual) levaram-me a refletir e a repensar *verdades* quase dogmáticas que me moldaram, por meio da incorporação do capital cultural do grupo social no qual nasci, o *habitus*, de Bourdieu,[243] verdades estas que variam entre as culturas e ao longo do tempo. Isto é, um relato como o meu pode despertar desconfiança no Brasil agora, mas, e no futuro? Por outro lado, ele é bem recebido em países como a Índia, a Tailândia e o Sri Lanka, por exemplo.

---

[243] BOURDIEU, 2003.

A rejeição da realidade transcendente pelas sociedades ocidentalizadas se justifica pela tal lógica materialista adotada, cujo modelo prioriza o que é efêmero, como a busca incessante da riqueza e seu acúmulo; a beleza baseada em padrões inalcançáveis; a juventude; o consumismo; o hedonismo; o individualismo; o utilitarismo da natureza, das pessoas, das relações que, por sua vez, gera as injustiças sociais; a falsa crença de existir uma valoração e uma estratificação das pessoas; as discriminações e os sofrimentos que maculam nosso dia a dia com suas consequências: pobreza, violência, preconceitos, transtornos mentais, solidão, suicídio e demais.

Por outro lado, essa mesma lógica materialista constrói crenças pautadas na ideia de morte como o fim absoluto da pessoa. No entanto, os fenômenos anômalos colocam em xeque justamente essa noção, requerendo dos estudiosos o desenvolvimento de teorias que vão além do estabelecido na academia, como a ideia da *memória extracerebral* de Banerjee[244] e a proposta do *metassistema* de Iandoli Jr.[245]

O ponto central que observo na realidade paranormal é que o sujeito dotado dessas habilidades possui um pé no mundo dos vivos e o outro no mundo dos mortos. É assim que me sinto. E se a população do planeta Terra pudesse apenas uma vez experimentar qualquer vivência sensitiva, estou certa de que haveria uma revolução mundial.

Pessoas com dons mediúnicos encontram vivos e mortos nas experiências fora do corpo, estabelecem contatos muito rápidos e claros com eles; fazem visitas a locais dentro e fora do planeta; recordam situações de vidas pretéritas que justificam características e destinos pessoais; têm premonições que se confirmam; anteveem acontecimentos e, se possível, os modificam; conseguem identificar entidades positivas ou malignas que exercem influência sobre sujeitos e lugares.

Se cada pessoa pudesse atravessar uma dessas vivências – experiência de quase morte, experimentar a luz, o amor incondicional e a certeza da continuidade; fazer parte de uma comunicação telepática, mais eficaz que a convencional; constatar a interligação entre indivíduos e poder ver materializada a influência dos sentimentos e pensamentos sobre outrem –, seria produzido o esfacelamento do paradigma materialista que alicerça a vida em sociedade no presente e esta seria completamente alterada.

---

[244] BANERJEE, 1979.
[245] IANDOLI Jr., 2008.

O assassino mata uma pessoa pensando que irá se livrar dela em definitivo. Imaginando que age no absoluto anonimato, o assaltante se apropria dos bens de um desconhecido, o político corrupto desvia dinheiro público para interesses pessoais, as indústrias e o ser humano usam as fontes naturais do planeta sem considerarem o ecossistema e o próprio futuro. Todos esses exemplos bastante conhecidos de cada um de nós resultam de uma visão materialista da vida e são praticados porque seus agentes creem que suas ações estão em segredo, são definitivas e que eles sairão incólumes.

Entretanto, se esses indivíduos que agem contra alguém fossem capazes de sentir as emoções e pensamentos de suas vítimas (vivas e mortas), se pudessem visualizar que são visitados por elas e que elas influenciam o seu ânimo e até o que lhes acontece, se soubessem que tudo tem consequências e exige conscientização e reparação, pensariam duas vezes antes de cometerem atitudes daninhas. O fato é que estamos muito mais interconectados do que nossa vã filosofia individualista pode supor.

Minha história é a expressão da lógica de que os sentimentos se perpetuam. Ela revela que pessoas que se amavam no passado continuam a se procurar em vivências posteriores porque permanece vívido o amor. Em contrapartida, também se mantêm os sujeitos com quem se constrói diferenças, por conta dos sentimentos represados (mágoa, raiva, amor não correspondido, abandono, outros).

No que se refere ao entendimento da sensitividade, não se pode negar que o fenômeno é verídico, pois a sua diversidade tem sido estudada cientificamente há várias décadas e há inúmeros paranormais espalhados pelo mundo vivendo num tipo de *conspiração do silêncio*. Muito já se caminhou, mas ainda é preciso dissolver rixas entre ciência e espiritualidade. A Física Quântica se instalou propondo uma compreensão da realidade por meio da teoria das cordas, por exemplo, que concebe a ideia de mundos paralelos, a existência de dimensões visíveis e outras não visíveis, mas que interagem entre si, além da noção de matéria como partículas de energia que sofrem interferências do meio. Que surjam novos cientistas! Que estes desenvolvam novas teorias!

Finaliza aqui *O caso de Montserrat*. Ao longo desses nove anos de duração desenvolvi a coragem necessária para *confessar* a trajetória que tenho percorrido com a sensitividade, cujo ápice foi o período da terceira regressão à vida de Montserrat e que, apesar de ter envolvido uma dor extrema, agora sei que essa travessia foi necessária e benéfica. As lágrimas que derramei expurgaram as toxinas há muito armazenadas. O processo de rememoração e organização das vivências que estavam no plano inconsciente da minha psique propiciou a compreensão de determinados sentimentos, pensamentos, comportamentos e experiências ininteligíveis até então.

A escrita deste livro e a dinâmica do tempo tornaram possíveis a avaliação, o julgamento, o consolo, o perdão, a conciliação e o fechamento do ciclo, pois, segundo Foucault,[246] a confissão constitui um ritual que autentica a verdade pelos obstáculos e resistências que tiveram que ser suprimidos para que a verdade se manifestasse, já que é a verdade dos fatos que impulsiona o dono da história a confessar. E que a confissão da minha verdade seja capaz de imprimir qualquer melhora nas pessoas, no planeta, no Universo!

---

[246] FOUCAULT, 1992.

REFERÊNCIAS

AKSAKOF, Alexandre. *Animisme et spiritisme*. Tradução de Berthold Sandow. Paris: Paul Leymarie, 1906. (Librairie des Sciences Psychiques).

ALVARADO, Carlos S. Fenômenos psíquicos e o problema mente-corpo: notas históricas sobre uma tradição conceitual negligenciada. *Rev. Psiq. Clín.*, São Paulo, v. 40, n. 4, p. 157-61, 2013.

AMADOU, *Robert. Poder da mente humana – Os grandes médiuns*. São Paulo: Loyola, 1966.

ANDRÉA, Jorge. *Enfoques científicos na doutrina espírita*. Rio de Janeiro: Lorenz, 1991.

ANDRÉA, Jorge. *Nos alicerces do inconsciente*. São Paulo: Selecta, 1980.

ARON, Elaine N. *Pessoas altamente sensíveis:* use a sensibilidade a seu favor. Caeiras: Gente, 2002.

BANERJEE, Hemendra Nath. *Vida pretérita e futura*: um impressionante estudo sobre reencarnação. Rio de Janeiro: Nórdica, 1979.

BANERJEE, Hemendra. *Ciclo de estudos de vidas passadas*. 1981. Disponível em: www.youtube.com/watch?v=vTuueNc_a3o. Acesso: 30.ago.2015.

BASTOS, Demétrio Pável. *Médium, quem é e quem não é*. Rio de Janeiro: Instituto Maria, 1996.

BERARDINELLI, Cleonice (org.). *Poesia de todos os tempos – Fernando Pessoa – Poemas*. Rio de Janeiro: Nova Fronteira, 1985. p. 49-50.

BEREMBAUM, Howard; KERNS, John; RAGHAVAN, Chitra. Anomalous experiences, peculiarity and psychopathology. *In*: CARDEÑA, Etzel; LYNN, Steven Jay, KRIPPNER, Stanley C. (ed.). *Varieties of anomalous experience:* examining the scientific evidence. Washington: American Psychological Association Press, 2000. p. 25-82.

BESSAS, Alex. Memórias de vidas passadas são tema de estudo. *In*: BESSAS, Alex. *O tempo*. 2019. Disponível em: https://www.otempo.com.br/super-noticia/tr%C3%A2nsito/memorias-de-vidas-passadas-sao-tema-de-estudo-1.2193379. Acesso em: 20 ag. 2019.

BOHM, David. *A totalidade e a ordem implicada:* uma nova percepção da realidade. São Paulo: Cultrix, 2001.

BORGES, Valter da Rosa. *Manual de parapsicologia*. Recife: Instituto Pernambucano de Pesquisas Psicobiofísicas, 1992.

BOURDIEU, Pierre. Esboço de uma teoria da prática. *In:* ORTIZ, Renato (org.). *A sociologia de Pierre Bourdieu*. São Paulo: Olho D'Água, 2003. p. 39-72.

BOWMAN, Carol. *Crianças e suas vidas passadas:* como as memórias de vidas passadas afetam sua criança. Rio de Janeiro: Sextante, 1999.

BOWMAN, Carol. *O amor me trouxe de volta:* histórias emocionantes sobre reencarnação em família. Rio de Janeiro: Sextante, 2005.

BRAGA, Newton C. *Eletrônica paranormal:* projetos para outra dimensão. São Paulo: Saber, 2006.

BRITO, Lucas Gonçalves. A vibração dos corpos: notas sobre uma teoria umbandista do intercâmbio mediúnico-energético. *Religião e Sociedade*, Rio de Janeiro, v. 37, n. 3, p. 173-197, 2017.

CALLIGARIS, Rodolfo. *As leis morais*. Rio de Janeiro: Federação Espírita Brasileira, 2010.

CARDEÑA, Etzel; LYNN, Steven Jay; KRIPPNER, Stanley C. (ed.). *Varieties of anomalous experience:* examining the scientific evidence. Washington: American Psychological Association Press, 2000.

CHIESA, Gustavo Ruiz. *Além do que se vê:* magnetismos, ectoplasmas e paracirurgias. Porto Alegre: Multifoco, 2016. 273 p.

CORREDATO, Vanessa Duarte. *Experiências anômalas na infância:* relações entre vínculo, expectativa e percepção extrassensorial. 2014. Dissertação (Mestrado em Psicologia Social) – Programa de Pós-Graduação em Psicologia, Instituto de Psicologia, USP - Universidade de São Paulo, São Paulo, 2014.

COSTA, Luiz Cláudio. Saúde e transcendência. *In:* SALGADO, Mauro Ivan; FREIRE, Gilson. *Saúde e espiritualidade:* uma nova visão da medicina. Belo Horizonte: Inede, 2008.

DE ROCHAS, Albert. *As vidas sucessivas*. Paris: Lachatre, 1911.

ESCH, Marie; SALLES Eliane. *Vivendo à flor da pele*. São Paulo: Matrix, 2016. Formato ebook. Disponível em: https://ler.amazon.com.br/?asin=B076ZR1NRX. Acesso: 03 mar 2020.

FABIAN, LARA. *Quédate*. Paris: Sony/Columbia: 2002. Suporte (4:31 min).

FOUCAULT, Michel. *O que é um autor?* Lisboa: Passagens. 1992. p. 129-160.

FREIRE, Gilson. Da física quântica à espiritualidade. *In:* SALGADO, Mauro Ivan; FREIRE, Gilson. *Saúde e espiritualidade:* uma nova visão da medicina. Belo Horizonte: Inede, 2008.

GARRET, Eileen; BOLTON, Frances P. *Quantum physics and parapsychology:* proceedings of an International Conference Held. Geneva, Switzerland: Parapsychology Foundation, 1975. p. 26-27.

GELEY, Gustave. *L'ectoplasmie et la clairvoyance.* Paris: Librairie Félix Alcan, 1924.

BÍBLIA SAGRADA. Genesis, capítulo 37, versículos 6, 7 e 9 – 25 p. Disponível em: https://www.bibliaonline.com.br/acf/gn/37. Acesso: 10.out. 2020.

GODBOUT, Jacques. *O espírito da dádiva*. Rio de Janeiro: Ed. Fundação Getúlio Vargas, 1999.

GUIRDHAM, Arthur. *Os cátaros e a reencarnação*. São Paulo: Pensamento, 1992.

IANDOLI Jr., Décio. Palingenesia: a imortalidade da alma. *In:* SALGADO, Mauro Ivan; FREIRE, Gilson. *Saúde e espiritualidade:* uma nova visão da medicina. Belo Horizonte: Inede, 2008.

IKEDA, Daisaku. *Diálogo sobre a vida*. v. II. 1. ed. São Paulo: Brasil Seikyo, 1980.

JUNG, Carl Gustav. *Sincronicidade*. Petrópolis: Vozes, 2005.

KARDEC, Allan. *Le livre des esprites*. Paris: Didier et Cie Libraire, 1857.

KARDEC, Allan. *O livro dos médiuns*. Rio de Janeiro: Federação Espírita Brasileira, 1944.

LEÓN, Ana Micaela Castro. *Biomagnetismo psicoemocional*. Teoría de biomagnetismo psicoemocional y guia de aplicación práctica. Spanish: Kindle edition, 2019.

MACHADO, Fatima R. *Experiências anômalas na vida cotidiana:* experiências-extra-sensório-motoras e sua associação com crenças, atitudes e bem-estar subjetivo. 2009. Tese (Doutorado em Psicologia Social) – Instituto de Psicologia, USP - Universidade de São Paulo, 2009.

MANZI FILHO, Ronaldo. *O índice de um enigma:* o inconsciente e o fenômeno da premonição Ronaldo. Ágora, Rio de Janeiro, v. XVI, n. 2, p. 251-266, jul./dez. 2013.

MARALDI, Everton; ZANGARI, Wellington; MACHADO, Fátima. Psicologia das crenças paranormais: uma revisão crítica. *Boletim Academia Paulista de Psicologia*, v. 31, n. 81, p. 394-421, 2011.

MARALDI, Everton. *Metamorfoses do espírito:* usos e sentidos das crenças e experiências paranormais na construção da identidade de médiuns espíritas. 2014. Dissertação (Mestrado em Psicologia Social) – Programa de Pós-Graduação em Psicologia, Instituto de Psicologia, USP – Universidade de São Paulo, São Paulo, 2014.

MARSTON, William Moulton. *The lie detector test*. New York: Richard R. Smith, 1938.

MENEZES JUNIOR, Adair de; MOREIRA-ALMEIDA, Alexander. O diagnóstico diferencial entre experiências espirituais e transtornos mentais de conteúdo religioso. *Rev. psiquiatria clínica*, São Paulo, v. 36, n. 2, p. 75-82, 2009.

MOODY, Raymond Jr.; PERRY, Paul. *Investigando vidas passadas*. São Paulo: Cultrix, 1990.

MOODY, Raymond Jr. *Vida depois da vida*. São Paulo: Nórdica, 1975.

MOONEN, Franz. *Anticiganismo:* os ciganos na Europa e no Brasil. 3. ed. digital revista e atualizada. 2011. 228p. Disponível em: http://www.dhnet. org.br/direitos/sos/ciganos/a_pdf/1_fmanticiganismo2011.pdf. Acesso em: 26 nov. 2011.

MOREIRA, Alexander; STROPPA, André. Religiosidade e saúde. *In:* SALGADO, Mauro Ivan; FREIRE, Gilson. *Saúde e espiritualidade:* uma nova visão da medicina. Belo Horizonte: Inede, 2008.

MOREIRA, Osvaldo Hely. Experiências de quase morte. *In:* SALGADO, Mauro Ivan; FREIRE, Gilson. *Saúde e espiritualidade:* uma nova visão da medicina. Belo Horizonte: Inede, 2008.

MOREIRA-ALMEIDA, Alexander. Pesquisa em mediunidade e relação mente-cérebro: revisão das evidências. *Rev. Psiq. Clín.*, São Paulo, v. 40, n. 6, p. 233-40, 2013.

MOREIRA-ALMEIDA, Alexander; LOTUFO NETO, Francisco. A mediunidade vista por alguns pioneiros da área mental. *Rev. Psiq. Clín.*, São Paulo, v. 31, n. 3, p. 132-141, 2004.

MOREIRA-ALMEIDA, Alexander; LUCCHETTI, Giancarlo. Panorama das pesquisas em ciência, saúde e espiritualidade. *Cienc. Cult.*, São Paulo, v. 68, n. 1, p. 54-57, mar. 2016. Disponível em: http://cienciaecultura.bvs.br/scielo.php?script=sci_arttext&pid=S0009-67252016000100016&lng=en&nrm=iso. Acesso: 6 jun. 2020.

MOREIRA-ALMEIDA, Alexander, 2013. *Rev Psiquiatria Clínica*. São Paulo, v.40, n.6, p. 233-40, 2013.

MORO, Janaína. *Paranormalidade:* um mergulho sobre a capacidade da mente. 2013. Disponível em: http://selfterapias.com.br/paranormalidade/. Acesso: 24 out 2019.

NOBRE, Marlene. Apresentação. *In:* SALGADO, Mauro Ivan; FREIRE, Gilson. *Saúde e espiritualidade:* uma nova visão da medicina. Belo Horizonte: Inede, 2008.

OLIVEIRA, SIMONE. *Quem é você*. Rio de Janeiro: Sony music: 1995. Suporte (3:09 min).

POSSI, ZIZI. *Quem é você*. São Paulo: Velas: 1993. Suporte (4:13 min).

RHINE, Joseph Banks. *O novo mundo do espírito*. Tradução de E. Jacy Monteiro. São Paulo: Best-seller, 1966.

RHINE, Joseph Banks. *Percepção extrassensorial*. Durham: Duke University, 1934.

RHINE, Joseph Banks. *New frontiers of the mind*. New York: Farrar & Rinehart; 1937.

RICHET, Charles. *Traité de métapsychique*. Paris: Alcan, 1922.

SALGADO, João Amilcar. O médico e as necessidades espirituais das pessoas. *In:* SALGADO, Mauro Ivan; FREIRE, Gilson. *Saúde e espiritualidade:* uma nova visão da medicina. Belo Horizonte: Inede, 2008.

SANTOS, Maria de Lourdes dos. *Síntese do budismo*. 2. ed. São Paulo: Brasil Seikyo, 2003.

SARTI, Geraldo dos Santos. Breve histórico da parapsicologia. *Parapsicologia*, Rio de janeiro, jun. 2009. Disponível em http://parapsicologia-rj.com.br/aulas/aula02/aula02.htm. Acesso em: 24 nov. 2019.

SEIXAS, RAUL. *Tente outra vez*. Rio de Janeiro: Phillips Records: 1975. Suporte (2:20 min).

SILVA, Fábio Eduardo da. *Psi:* é possível treinar? Revisando a literatura sobre desenvolvimento psi. 2009. Dissertação (Mestrado em Psicologia Social) – Programa de Pós-Graduação em Psicologia, Instituto de Psicologia, USP - Universidade de São Paulo, São Paulo, 2009.

STEVENSON, Ian; SAMARARATNE, Godwin. Three new cases of the reincarnation type in Sri Lanka with written records made before verifcation. *J. Nerv. Ment. Dis.*, v. 176, n. 12, 1988.

STEVENSON, Ian. The phenomenon of claimed memories of previous lives: possible interpretations and importance. *Medical Hypotheses*, v. 54, n. 4, p. 652-659, 2000.

STEVENSON, Ian. American children who claim to remember previous lives. *J. Nerv. Ment. Dis.*, v. 171, 1983.

STEVENSON, Ian. *Cases of the reincarnation type. Ten cases in India*. v. 1. Charlottesville: University Press of Virginia, 1975.

STEVENSON, Ian. *Cases of the reincarnation type. Ten cases in Sri Lanka*. v. 2. Charlottesville: University Press of Virginia, 1977.

STEVENSON, Ian. *Cases of the reincarnation type. Twelve cases in Lebanon and Turkey*. v. 3. Charlottesville: University Press of Virginia, 1980.

STEVENSON, Ian. *Cases of the reincarnation type. Twelve cases in Tailand and Burma*. v. 4. Charlottesville: University Press of Virginia, 1983.

STEVENSON, Ian. *Casos europeus de reencarnação*. São Paulo: Vida e Consciência, 2003.

STEVENSON, Ian. Characteristics of cases of the reincarnation type among the Igbo of Nigeria. *J. Asian and African Studies*, v. 21, 1986.

STEVENSON, Ian. *Crianças que se lembram de vidas passadas*. São Paulo: Vida e consciência, 2012.

STEVENSON, Ian. Cultural patterns in cases suggestive of reincarnation among the tlingit indians of southeastern Alaska. *J. Am. Soc. Psychical Res.*, v. 60, 1966.

STEVENSON, Ian. Half a career with the paranormal. *Rev. Psiq. Clín.*, v. 34, suppl. 1, 2007, p. 150-5

STEVENSON, Ian. Phobias in children who claim to remember previous lives. *J. Sci. Expl.*, v. 4, n. 2, 1990.

STEVENSON, Ian. *Reincarnation and biology: a contribution to the etiology of birthmarks and birth defects*. New York: Praeger, 1997.

STEVENSON, Ian. Research into the evidence of man's survival after death. *Journal of Nervous and Mental Disease*, n. 165, p.152-170, 1977.

STEVENSON, Ian. The evidence for survival from claimed memories of former incarnations. *J. Am. Soc. Psychical Res.*, v. 54, 1960.

STEVENSON, Ian. *Vinte casos sugestivos de reencarnação*. São Paulo: Difusora Cultural, 1970.

STEVENSON, Ian. *Xenoglossia – Novos estudos científicos*. São Paulo: Vida e Consciência, 2012.

THOULESS, Robert H.; WIESNER, Bertold. P. The present position of experimental research into telepathy and related phenomena. *Proceeding of the SPR*, v. 47, n. 166, p. 1-19, 1942.

TISCHNER, Rudolf. *Introducción a la parapsicologia*, Buenos Aires: Oberon, 1957.

TOBACYK, Jerome. J. What is the correct dimensionality of paranormal beliefs? A reply to Lawrence's critique of the paranormal belief scale. *Journal of Parapsychology*, v. 59, p. 27-46, 1995.

TURKER, Jim B. *Return to life:* extraordinary cases of children who remember past lives. Ebook. New York: St. Martin's Griffin, 2015.

TURKER, Jim B. *Vida depois da vida:* uma pesquisa científica das lembranças que as crianças têm de vidas passadas. São Paulo: Pensamento, 2007.

WEISS, Brian L. *A cura através da terapia de vidas passadas*. Rio de Janeiro: Salamandra, 1996.

WEISS, Brian L. *A divina sabedoria dos mestres:* um guia para a felicidade, alegria e paz interior. Rio de Janeiro: Sextante, 1999.

WEISS, Brian L. *Muitas vidas, muitos mestres*. Portugal: Pergaminho, 1998.

WEISS, Brian L. *Só o amor é real*. Rio de Janeiro: Sextanti, 1996.

WOOLGER, Roger J. *As várias vidas da alma:* um psicoterapeuta junguiano descobre as vidas passadas. São Paulo: Cultrix, 1998.

ZANGARI, Wellington; MACHADO, Fatima Regina. Incidencia y importancia social de las experiencias psíquicas en los estudiantes universitarios brasileños. *Revista Argentina de Psicologia Paranormal*, Buenos Aires, v. 7, v.1, n.25, p.19-35, 1996.